Zukunftsfragen der Gesundheits- und Sozialwirtschaft

herausgegeben vom

Institut für Zukunftsfragen der Gesundheits- und Sozialwirtschaft (IZGS) der Evangelischen Hochschule Darmstadt.

Geschäftsführender Direktor des Instituts:
Prof. Dr. Michael Vilain

Band 2

Michael Vilain [Hrsg.]

Wege in die digitale Zukunft

Was bedeuten Smart Living, Big Data, Robotik & Co
für die Sozialwirtschaft?

Tagungsband zum Social Talk 2017

Nomos

Die Veröffentlichung erfolgt mit finanzieller Unterstützung
der Evangelischen Hochschule Darmstadt.

Bildnachweis Titel: © Liu zishan/Shutterstock.com

Die Deutsche Nationalbibliothek verzeichnet diese Publikation in
der Deutschen Nationalbibliografie; detaillierte bibliografische
Daten sind im Internet über http://dnb.d-nb.de abrufbar.

ISBN 978-3-8487-6621-5 (Print)
ISBN 978-3-7489-0700-8 (ePDF)

Onlineversion
Nomos eLibrary

Wege in die digitale Zukunft
Was bedeuten Smart Living, Big Data, Robotik & Co für die Sozialwirtschaft?

Vorwort

Die Digitalisierung und die mit ihr einhergehenden Veränderungen erfassen Wissenschaft, Wirtschaft, Medien und Politik. Die Omnipräsenz digitaler Netzwerke als Folge der raschen Verbreitung von mobilen Endgeräten sowie die Technisierung von Wohn- und Arbeitswelt erlauben jederzeit den Zugang zu Beratungs-, Dienstleistungs-, Bildungs-, Kultur- und Unterhaltungsangeboten und die Informations- und Kommunikationsmöglichkeiten scheinen unbegrenzt. Auch im täglichen (Er-)Leben der Menschen nimmt die Digitalisierung immer breiteren Raum ein. Haushaltsgeräte werden digital gesteuert, Verbrauchsdaten wie Gas, Wasser oder Strom digital erfasst, Teile der medizinischen Versorgung sind bereits heute digital organisiert, der Online-Handel macht Waren und Dienste zeitlich und räumlich nahezu uneingeschränkt verfügbar.

Längst hat die Digitalisierung auch unsere sozialen Beziehungen durchdrungen. Bereits heute organisieren unzählige Menschen ihre privaten Freundes- und Bekanntenkreise ganz oder teilweise über soziale Netzwerke. So sind im Jahr 2017 allein bei Facebook 30 Mio. Nutzer und 15 Mio. bei Instagram registriert. Viele weitere nutzen Messengerdienste wie WhatsApp oder Threema. *Virtual* und *augmented reality* integrieren digitale Informationen in unseren Alltag und heutige Robotikanwendungen in Haushalt (z. B. Rasenmäher, Staubsauger) oder Arbeitsalltag (z. B. Pflege, Automation) lassen die enormen Zukunftspotenziale erahnen. Die Grenzen zwischen analoger und digitaler Welt verschwimmen dabei zusehends. Digitalisierung ist demnach mehr als der Ersatz von Papier durch Computertechnologie. Sie bezeichnet einen technikgetriebenen Wandel aller gesellschaftlichen Bereiche von der Arbeitswelt über die Freizeit bis hin zu sozialen Beziehungen. Kennzeichnend ist dabei der Ersatz oder die Ergänzung menschlicher Denk- und Kommunikationsleistungen sowie komplexer Handlungen durch Computer und Roboter.

Die Digitalisierung gehört somit zu Recht zu den großen, von John Naisbitts in den 80er-Jahren als „Megatrends" bezeichneten grundlegenden Entwicklungen der Menschheit. Damit sind Tendenzen gemeint, die mehr als eine vorübergehende Modeerscheinung sind und uns über mehrere Jahrzehnte begleiten werden.

Die zu erwartende Wucht der Veränderung wird von den Menschen je nach Naturell oder Lebenslage gefürchtet, herbeigesehnt oder ignoriert. Auch in der Sozialwirtschaft erleben wir sehr unterschiedliche Reaktionen, die neben euphorischer Vorfreude über neue Angebots- und Wertschöpfungspotenziale auch mitunter heftige Abwehrreaktionen hervorrufen. Unabhängig davon, wie wir dazu stehen, werden die Konsequenzen für das Management in Nonprofit-Organisationen umfassend sein. In einer ersten Untersuchung am Institut für Zukunftsfragen der Gesundheits- und Sozialwirtschaft (IZGS) konnten mehr als 20 organisationale Anpassungsbereiche identifiziert werden, die mittelbar oder unmittelbar von der Digitalisierung betroffen sein werden. Die Herausforderungen konkretisieren sich beispielsweise aber auch in der Notwendigkeit neuer digitaler oder digital vermittelter Angebotsformen wie Online-Beratungen oder Unterstützungs-Netzwerke oder im Personalmanagement, wo es um neue Formen der Personalrekrutierung, veränderte Qualifikationsprofile, netzwerkartige Arbeitsstrukturen durch Home-Office, virtuelle Arbeitsteilung oder virtuelle Ehrenamtsangebote geht. Viele weitere Beispiele aus dem Bereich Marketing, Leitung, Finanzierung etc. ließen sich ergänzen.

Aus einer strategischen Perspektive gilt es, den Umgang von höherer Umweltkomplexität (VUCA-Umwelt) bei zugleich verringerten Prognosezeiträumen zu bewältigen und die Chance oder Gefahr disruptiver Entwicklungen durch

- Globalisierung (schnellere Verbreitung von Krankheiten, Wanderungsbewegungen, Terrorismus und gewaltvolle Auseinandersetzungen),
- Digitalisierung (Plattformbildung, neuartige Wertschöpfungsketten, Re-Intermediarisierung) oder
- Klimawandel (Wetterkatastrophen, Landverlust, Vordringen tropischer Krankheiten)

zu erlernen. Die Ableitung der Konsequenzen für das eigene Handeln in der Gesundheits- und Sozialwirtschaft und deren Integration in eine strategische Planung ist dabei nicht trivial.

Einen Überblick über die vielfältigen Facetten der Digitalisierung und die jeweils damit zusammenhängenden Herausforderungen für Führung und Leitung zu geben, war der Ausgangspunkt des Social Talk 2017: Was kommt da also auf Nonprofit-Organisationen, auf die Gesundheits- und Sozialwirtschaft zu? Wie real oder irreal sind die Entwicklungen? Welche Hoffnungen oder Befürchtungen lösen sie aus? Was bieten sie schon jetzt zur Lösung aktueller Herausforderungen an? Namhafte Experten aus Wissenschaft und Praxis diskutierten diese und anderen Fragen. Einige Beiträge wurden in diesem Tagungsband zusammengefasst.

Ausgehend vom demografischen Wandel gibt THOMAS KLAUSS in seinem Beitrag „Digitale Transformation heute und morgen" einen Gesamtüberblick über die Facetten der Digitalisierung und deren massive Konsequenzen für das Selbstverständnis als Konsument, Bürger und Arbeitnehmer. Mit Blick auf die Verschmelzung von Mensch und Maschine zu sogenannten „Social Machines" verschwämmen seiner Ansicht nach schließlich die Grenzen zwischen organischer und technischer Existenz. Dies alles wird, so die zentrale These, erhebliche Anpassungserfordernisse für Mensch, Organisation und Gesellschaft mit sich bringen.

„Wie die Digitalisierung von Sprache und Kommunikation die Gesellschaft beeinflusst" beschreibt JENS RUNKEHL in seinem Beitrag. Dabei zeigt er aus sprachwissenschaftlicher Sicht die Eigenheiten digitaler Kommunikation auf, zieht Schlüsse aus den damit in Verbindung stehenden Verhaltensweisen und folgert in Verbindung mit Bourdieus Kapitaltheorie auf das zugrunde liegende Verständnis von Partizipation. Diese sei in digitalen Konstellationen nicht mehr als empathisch-selbstlose Zuwendung zu Individuen zu verstehen, sondern als fortwährend zu optimierende Kosten-Nutzen-Relation im Sinne einer auf Wettbewerb setzenden Aufmerksamkeitsökonomie. Möglicherweise liefert Runkehl mit diesem Befund einen Erklärungsbeitrag zur verbreiteten Ablehnung bestimmter Formen digitaler Kommunikation in gesellschaftlichen Teilbereichen, wie beispielsweise den Akteuren des Sozialwesens, die ihre Daseinsberechtigung eher aus Empathie und Kooperation herleiten.

Die Sozialwirtschaft bewältigt die Digitalisierung vielleicht auch deswegen schlechter als andere Branchen. Vor dem Hintergrund dieses Befundes hat HARTMUT KOPF eine explorative Blitzlichtstudie unter Führungskräften des Nonprofit-Bereichs durchgeführt. In seinem Beitrag „Zwischen Tradition und Innovation. Wie Digitalisierung die Organisationskultur sozialer Unternehmen verändert" leitet er vier zentrale Thesen aus den Ergebnissen der Studie ab: Digitalisierung wird seiner Ansicht nach dabei nicht nur zu neuen Kommunikationsformen, sondern – beispielsweise über die Plattformisierung – auch zu neuen Marktteilnehmern führen. Dies verändere die Art der Leistungserbringung und erfordere daher insgesamt ein Transformationsmanagement des Digitalen. Voraussetzung dazu sind Anpassungs- und Lernleistungen. Als Hilfestellung für sozialwirtschaftliche Organisationen stellt Kopf abschließend einen Zehn-Schritte-Fitnessplan vor.

Eine ähnliche Perspektive nimmt auch HELMUT KREIDENWEIS in seinem Beitrag „Digitalisierung ändert nichts – außer alles" ein. Technischer Fortschritt bei digitalen Medien schaffe erhebliche neue Handlungsspielräume, die wiederum neue Geschäfts- und damit Wettbewerbsmodelle entstehen ließen, wie die Beispiele des Taxidienstes (Uber) und Übernachtungsanbieters (AirBnB) zeigten. Diese setzten auch die Organisationen der Sozial- und Gesundheitswirtschaft unter beträchtlichen Handlungsdruck und erzwängen die Auseinandersetzung mit den Phänomenen der Plattformökonomie, digitalen Produkten und Dienstleistungen oder Robotik und Künstlicher Intelligenz. Bisherige Strukturen und Verhaltensweisen der Sozialwirtschaft stünden dabei einer Anpassung teilweise im Wege und müssten verändert werden. Dazu liefert er eine Reihe von Hinweisen und plädiert schließlich für ein Tun, Experimentieren, Scheitern und Neuanfangen in Verbindung mit einem langen Atem.

Ausgehend von den Entwicklungsetappen digitaler Informationstechnologie leiten Michael Beier und Sebastian Früh in ihrem Beitrag „Digitale Transformation: Zwischen technologischen Möglichkeiten und organisationalen Realitäten", die organisationalen und gesellschaftlichen Transformationspotenziale der Digitalisierung her. Dabei zeigten sich erhebliche disruptive Potenziale, denen etablierte Organisationen der Sozialwirtschaft bzw. des Dritten Sektors vergleichsweise hilflos gegenüberständen. Eine Ursache für die langsame Anpassung sehen die beiden Autoren dabei, im Sinne einer Ambidextrie, in organisationseigenen Widerständen gegen Veränderungen. Diese gelte es zu überwinden, um die zentralen Herausforderungen zu bewältigen, die sie in einem Paradigmenwechsel, weg von der effizienzgetriebenen Nutzung bisheriger Geschäftsmodelle und Verfahrensweisen (Exploitation), hin zu einer effektivitätsgetriebenen Erprobung neuer Wege und Geschäftsmodelle (Exploration) sehen. Dabei gilt es vor allem daraus resultierende multidisziplinäre Anforderungen zu koordinieren und zugleich den funktionalen Mehrwert – im Gegensatz zum symbolischen Nutzen – der Aktivitäten im Blick zu behalten.

Einen Fokus auf das strategische Management legt René Linek. Anhand des Beispiels der Neuausrichtung der Evangelischen Bank eG zeigt er konkret, wie sich ein bundesweit im Privat- und Businesskundengeschäft agierendes kirchliches Kreditinstitut mit Hilfe einer Fünfjahres-Roadmap auf den Megatrend Digitalisierung einstellt. Ausgangspunkt ist dabei eine weit gefasste Vision der zukünftigen Arbeitswelt. Kennzeichnend für den weiteren Weg ist die Einbeziehung der Stakeholder. Dabei spielen die Kunden naturgemäß eine herausragende Rolle. Digitale Prozesse, so eine zentrale Erkenntnis des Beitrags, sollten dabei aus der Sicht der Kunden gedacht werden, um letztlich „Digitalisierungsstrategien menschenorientiert entwerfen und umsetzen" zu können.

Christoph Minnig hingegen fokussiert in seinem Beitrag „Die digitale Führungskraft: Management zwischen Steuerung und Selbstorganisation?"

und fragt, ob Digitalisierung das Führungsverständnis von Managern grundlegend verändert. Dabei geht er im Rahmen einer Literaturstudie der Frage nach, ob Führungskräfte bzw. Organisationen durch die zunehmende Digitalisierung tatsächlich partizipativer, demokratischer sowie agiler werden und daher zunehmend Heterarchien herkömmliche Hierarchien verdrängen. Dass sich Chancen für neuartige Managementkonzepte ergeben, zeigt er anhand der Beschreibung der Arbeits- und Organisationsweise des niederländischen ambulanten Pflegedienstes Buurtzorg. Andererseits ist es trotz zunehmender Digitalisierung in den meisten Organisationen jedoch bisher zu keiner Verflachung von Strukturen, Demokratisierung oder zu Beteiligungsschüben gekommen. Dies veranlasst ihn zu der Schlussfolgerung, dass Digitalisierung keine immanente oder zwingende Entwicklungsrichtung beinhaltet. Vielmehr sei von einer gewissen Kontingenz der Effekte auszugehen.

Am Beispiel dreier konkreter mehrjähriger Forschungs- und Entwicklungsprojekte beschreiben MATTHIAS HEUBERGER und MICHAEL VILAIN Ansatzpunkte und Ergebnisse digitaler Transformationsversuche. In ihrem Beitrag „Algorithmen, Geschäftsmodelle und strategische Netzwerkpartnerschaften. Die digitale Zukunft der Sozialwirtschaft – ein Blick hinter die Kulissen" weisen sie die Potenziale wie auch die Hürden bei der Umsetzung konkreter digitaler Vorhaben in verschiedenartigen Settings aus. Dabei wird der vielfach betonte umfassende Charakter dieser Transformation sehr deutlich. Er verlangt von den Beteiligten technische Fähigkeiten, datenschutzrechtliches Know-how und ethische Reflexionsfähigkeit. Bei der Integration neuartiger digitaler Lösungen zeigt sich ferner eine Reihe organisatorischer Schwierigkeiten, wie Anpassungserfordernisse bei Prozessen, im Stakeholdermanagement, bei der Mitarbeiterqualifizierung, Kommunikation, Finanzierung u. v. m.

Wie diese Beispiele zeigen, lassen sich die Herausforderungen der Digitalisierung ohne Kenntnis der konkreten technischen Erfordernisse nur schwer begreifen. Die geschilderten Anforderungen an die Programmierung und technische Umsetzung vieler digitaler Angebote lenken den Blick mithin auf ein zentrales Hemmnis für das Innovationspotenzial in der Sozialwirtschaft: das Fehlen ausgebildeter Techniker und Programmierer. Hier steht die Sozialwirtschaft im Wettbewerb mit der freien Wirtschaft, meist ohne mit den dort offerierten Gehältern mithalten zu können. Im Rahmen der Jahrestagung wurden verschiedenste digitale Lösungen für die Sozial- und Gesundheitswirtschaft in unterschiedlichen Entwicklungsstadien vorgestellt. Dabei wurden u. a. auch die technischen Anforderungen und die Herausforderungen in deren Umsetzung sehr deutlich. Drei dieser Systeme werden nachfolgend vorgestellt.

Dass Digitalisierung nicht nur zur Entwicklung von innovativen Geschäftsmodellen führt, sondern auch die konkrete Berufspraxis und -ausbildung unterstützt, zeigt der in Kooperation mit einem Software-Unternehmen entwickelte virtuelle Rettungswagen „RTW360VR" des Deutschen Roten Kreuzes. Die Ausbildung findet dabei mittels einer Virtual-Reality-Brille in einem simulierten Rettungswagen statt und dient dem Erlernen und Einüben konkreter Handgriffe im Notfall. PHILIPP KÖHLER beschreibt das System „Virtual Life Saving" in seinem Beitrag, welches derzeit im Rettungsdienst Rheinhessen-Nahe eingesetzt wird.

Mit der digitalen Plattform SUP2U stellt ANDREAS SCHMIDT eine kommunikative Anwendung zur Integration von Dorfgemeinschaften vor. In den Mittelpunkt rückt dabei das mit der Digitalisierung einhergehende Phänomen der Vernetzung, welches gleichermaßen Voraussetzung wie Ergebnis digitaler Kommunikation sein kann. In seinem Beitrag „Die Plattform für die digitale ‚Dorfgemeinschaft'" geht er dabei auf die durch die Technik determinierten sozialen Prozesse ein, indem er die grundsätzliche Funktionsweise und die Einsatzfelder dieser Kommunikationsplattform beschreibt.

MAX PASCHER rekapituliert in seinem Beitrag „Wenn der Stromzähler weiß, ob es Oma gut geht" schließlich die Erprobung eines niedrigschwelligen Frühwarnsystems auf der Basis digitaler Strom- oder Wasserzähler. Aufgrund des Nutzerverhaltens elektrischer Geräte im Haushalt werden mittels komplexer Algorithmen automatisiert Schlussfolgerungen im Hinblick auf das Wohlbefinden des Bewohners gezogen und Hilfsmaßnahmen durch eine Notrufzentrale im Fall einer drohenden Notlage ausgelöst. Das Verfahren könnte den Hausnotruf künftig substituieren und wäre günstiger, schneller und aufgrund der nicht sichtbaren Verbauung weniger stigmatisierend. Anhand der ausführlichen Darstellung des technisch-mathematischen Datenerhebungs- und Auswertungssystems wird deutlich, welchen Fragen und Herausforderungen sich die Sozialwirtschaft künftig wird stellen müssen, sollte sie den Anspruch haben, solche Systeme bedarfsgerecht mitzugestalten.

Die Beiträge zeichnen insgesamt ein facettenreiches Bild der aktuellen Lage der Sozialwirtschaft angesichts der digitalen Herausforderungen. Und dennoch bleibt ein wenig Unbehagen. Dies bezieht sich ausdrücklich nicht auf einzelne Aufsätze, die das Thema ganz im Sinne der Tagung mal mehr aus Sicht der Wissenschaft mal mehr aus Sicht der Praxis, aber immer auf der Höhe des Erkenntnisstandes behandeln.

In der Gesamtschau zeigt sich, trotz mancher Unterschiede im Detail, eine erstaunliche Einmütigkeit bei der Beschreibung der Herausforderungen und diskutierten Lösungsansätze für das Management. Ausgehend von einer strategisch zunehmend unsicher erscheinenden Umwelt wird über alle Beiträge hinweg die grundsätzliche Machbarkeit des digitalen Wandels dennoch nicht in Frage gestellt. Immer gibt es auch konkrete Hinweise zur weiteren Gestaltung des Managements, die gut nachvollziehbar sind. Möglicherweise beruht dies auf einem aus der langen Tradition der Wohlfahrtspflege resultierendem Bewusstsein: „150 Jahre Wohlfahrt haben gezeigt: Wir gehen die sozialen Probleme an und schaffen Lösungen" (S. 66 Beitrag Kopf). Möglicherweise wird im Zusammenhang mit Managementforschung und einer Managementtagung aber auch einfach erwartet, dass Lösungsperspektiven angeboten werden, die nah an dem Bekannten sind und sich dadurch das Prädikat „realistisch" verdienen.

Dabei zeigt sich eine seltsame Diskrepanz zwischen den einerseits apokalyptisch wirkenden revolutionären und disruptiven Zukunftsszenarien von Klimaforschern, Gesundheits- und Globalisierungsexperten oder Technik- und Gesellschaftsvisionären und den andererseits eher evolutionären, fast in einer traditionellen Logik verhafteten Vorstellung betulicher Entwicklung im Rahmen inkrementalistisch wirkender Versuch-Irrtums-Prozesse. Es ist diese Diskrepanz, die Zweifel nährt, ob wir mit dieser Tagung nicht Grundlegendes übersehen haben. Wäre es angesichts einer bevorstehenden Flut sinnvoll, das eigene Haus wasserdicht zu machen oder doch besser ein Schiff zu bauen? Die Antwort auf diese Frage hängt wohl, wie das biblische Vorbild der Arche Noah bereits zeigt, vor der Flut von den eigenen Erwartungen der Menschen und nach der Flut vom Ausmaß der Wassermassen ab.

Darmstadt, im Herbst 2018   Michael Vilain

Nachtrag: Blick zurück nach vorne

Von der Idee bis zur Realisierung eines Herausgeberbandes vergehen meist viele Monate, manchmal sogar Jahre. Das Erscheinen des vorliegenden Bandes war ursprünglich für den Winter 2018 geplant, musste aber aufgrund sehr einschneidender Ereignisse mehrmals verschoben werden. Es ist zu betonen, dass dies nicht im Verantwortungsbereich der Autoren lag, die ihre Beiträge zuverlässig ablieferten und für deren Geduld wir uns an dieser Stelle ausdrücklich bedanken möchten. Angesichts der Verzögerungen wurde in der Redaktion beraten, ob ein Erscheinen als Tagungsband überhaupt noch sinnvoll ist.

Die finale Bearbeitung im Frühjahr 2020 fand in einem durch die Corona-Pandemie geprägten Umfeld statt. Damit finden die Thesen und Debatten des Social Talk eine völlig neue Rahmung. Wir alle haben mittlerweile aus eigener Anschauung erfahren, was Disruption bedeuten kann, wie wenig man strategisch darauf vorbereitet ist und welche Rolle Digitalisierung bei der Bewältigung der anstehenden Aufgaben leisten kann. Agilere Arbeitsformen, Home-Office oder flexible Anpassungen der bisher als unumstößlich geltenden Organisationsgepflogenheiten sind quasi über Nacht zur Realität in der Gesundheits- und Sozialwirtschaft geworden. Insofern wurde die Praxis in nur wenigen Wochen zum Prüfstein gleichermaßen für Digitalisierungsapologeten und -kritiker. Wir lernen gerade, wozu unsere Organisationen und ihre Leitungen in kürzester Zeit fähig sind oder auch nicht. Das Erlernte wird auf die eine oder andere Weise Spuren hinterlassen und das Thema Digitalisierung in neue Bahnen lenken, möglicherweise sogar zu einer Beschleunigung solcher Tendenzen beitragen, die in diesem Band diskutiert werden. Die Empfehlungen und Prognosen der Experten in diesem Tagungsband sind damit gewissermaßen historisch und aktuell zugleich und bieten die seltene Gelegenheit, mit dem Blick zurück, den Blick nach vorn zu wenden. Das hat uns die Entscheidung für eine Veröffentlichung zu diesem Zeitpunkt erleichtert.

Wir wünschen allen Lesern eine erkenntnisreiche Lektüre und bedanken uns bei allen am Band Beteiligten erneut mit den besten Wünschen für Gesundheit und Wohlergehen.

Darmstadt, Frühjahr 2020 Michael Vilain

Hinweis: In den Beiträgen wurde versucht, eine geschlechtsneutrale Sprache zu verwenden. Wo das nicht möglich war, wurde aus Gründen der besseren Lesbarkeit auf die gleichzeitige Verwendung der männlichen und weiblichen Sprachform verzichtet. Sämtliche Personenbezeichnungen gelten gleichermaßen für alle geschlechtlichen Möglichkeiten. Das inkludiert auch Menschen, die sich weder dem männlichen noch dem weiblichen „biologischen" und/oder „sozialen" Geschlecht zuordnen können oder wollen.

Inhalt

Inhalt

Digitale Transformation heute und morgen mit Blick auf den Gesundheits-, Sozialsektor und dessen Verbände

Thomas Klauß[1]

1. Globale Trends

In den kommenden Jahrzehnten wird die Weltbevölkerung weiter anwachsen, zugleich altern und mobiler werden. Neben Generations- und Kulturkonflikten wächst die Einkommensungleichheit, der Druck auf die Sicherungssysteme steigt und die sozialen Konflikte nehmen zu. Europa wird 2030 ohne Einwanderung mit einem Durchschnittsalter der Bevölkerung von 44 Jahren zum ältesten Kontinent (vgl. European Strategy and Policy Analysis System 2015).

In den vergangenen Jahren ist die Schere zwischen Arm und Reich weltweit wie auch in Deutschland stetig gewachsen. Laut OECD und Oxfam war sie nie so groß wie in den letzten Jahren: „Das reichste Prozent der Weltbevölkerung verfügt seit 2015 über mehr als die Hälfte des globalen Vermögens" (vgl. oxfam.de).

Bis 1980 hat sich die Schere sukzessive verkleinert, seitdem steigt sie immer weiter an.

Die meisten Menschen leben in städtischen Räumen, und ihr Anteil soll weiter von aktuell ca. 55 % (2016) auf bis zu 66 % im Jahr 2050 zunehmen. In Städten und Megalopolen werden dann mit ca. 6,4 Milliarden so viele Menschen leben wie um die Jahrtausendwende auf der gesamten Erde (vgl. European Strategy and Policy Analysis System 2016).

Die Landflucht bringt nicht nur massive Infrastrukturprobleme für die Städte, sondern auch für den ländlichen Raum: weniger Schulen, Firmen, Ärzte und Nahverkehrsstruktur. Dadurch müssen sich die dort lebenden Menschen Leistungen andernorts besorgen – immer häufiger auch online.

Durch das Aufeinandertreffen entfernter Weltanschauungen nicht nur in Folge von Migration, sondern auch im Inneren, verschärfen sich kulturelle und soziale Konflikte.

---

1 *Thomas Klauß*, Geschäftsführer X.0 # Public Sector digital.
E-Mail: t.klauss@xpointo.de.

Die Sicherung von Nahrung, Energie, Verkehr, Information/Kommunikation, Bildung, medizinischer Versorgung und sozialen Diensten wird durch neue Gefährdungen komplizierter. Vor diesem Hintergrund hat die Freiheit gegenüber dem Bedürfnis nach Sicherheit einen schweren Stand. Dabei schauen viele zunächst auf sich selbst und versuchen, sich ökonomisch, gesundheitlich und sozial zu wappnen.

Die globalen Trends zusammengenommen steht die Weltbevölkerung vor den vielleicht größten Herausforderungen seit dem Zweiten Weltkrieg. Humanitäre, ökologische, politische, ökonomische, medizinisch-sanitäre Missstände und Risiken mit globalen Auswirkungen nehmen zu. Viele Menschen empfinden im Angesicht solcher Gefahren ein steigendes Maß an Ungerechtigkeit, Unsicherheit und Kontrollverlust, welches durch die Digitalisierung einerseits verstärkt, andererseits auch bekämpft werden kann.

2. Digitale Trends

Im Jahre 2007 stellte der 2011 verstorbene Steve Jobs das erste iPhone vor. Ob das Gerät auch in zehn Jahren, also 2027, noch auf der Welt sein wird, ist durchaus fraglich. Smartphones waren die ersten Gadgets für das mobile Internet, aber sie werden in den nächsten zehn Jahren sukzessive von nutzerfreundlicheren, immer leistungsfähigeren Wearables abgelöst. Die Frage ist nur, wie sehen die Geräte dann aus? Sicherlich werden sie flexibler und nutzerfreundlicher sein als die heute durch ein starres Interface (Display) begrenzten Mobilgeräte. Einige Geräte werden als solche gar nicht mehr erkennbar sein, weil sie direkt mit dem Körper des „Users" verbunden sind – zum Teil auch unsichtbar im Inneren.

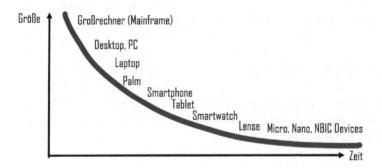

Abb. 1: Von der Miniaturisierung zur Inkorporierung digitaler Geräte und ihrer Mensch-Maschine-Schnittstellen (eigene Darstellung)

Das Netz diffundiert in die Welt der Dinge, zunächst der sichtbaren, dann der Mikro- und Nanoebene anorganischer und organischer Substanzen. Das Internet der Dinge (Internet of Things, IoT) treibt die vernetzten Geräte weit über Wearables hinaus: Einfach alles wird zum Device, kleine oder große Endgeräte, die man in Elektronikmärkten kaufen kann (von Sensoren bis zur Waschmaschine), über Kleidung, Koffer, Autos bis hin zu ganzen Stadtlandschaften. Das Internet verschwindet in Omnipräsenz: Die Menschen werden immer und überall online sein, ohne es zu merken. Dort, wo sie auf Geräte oder Gegenstände treffen, werden die Interfaces ihrem Namen gerecht und so natürlich wie ein menschliches Gegenüber. Das ist keine Vision, sondern laut Alphabet-Chef Larry Page und Google-Chef Sundar Pichai konkrete Unternehmensstrategie (vgl. Heuser 2016):

„The internet will disappear", sagte auch Eric Schmidt, Alphabet Executive Chairman auf dem Davos World Economic Forum 2016, als er nach der Zukunft des Webs gefragt wurde. Das Internet wird so subtil mit jedem Teil unseres Lebens verwoben sein, dass wir nicht einmal merken, wenn wir es benutzen: Es wird allgegenwärtig und gleichzeitig unsichtbar. Am eindringlichsten wird das bei künstlichen Mikro- und Nano-„Dingen", die sich „wireless connected" in menschlichen Zellen und Blutbahnen bewegen. Ein „Nicht-Mitmachen" ist wegen der subtilen Omnipräsenz dann quasi unmöglich – der Einzelne kann die Datensammlung durch andere oft nicht wahrnehmen, und selbst wenn, kaum verhindern.

Mit Alphabet forscht Google intensiv an der Auswertung physiologischer Daten, die von Google Glasses, Linsen, Uhren und in Kleidung integrierten Sensoren (Android Wear) erfasst und an das Google Brain zur Auswertung gesendet werden: Mit dem Forschungsprojekt Google Brain will man menschliche Intelligenz imitieren. Mittlerweile weiß man, dass dies nur funktionieren kann, wenn man den Lebenskontext mit einbezieht. Deshalb will Alphabet wie andere Hersteller mit seinen Geräten und Diensten zum ständigen, unverzichtbaren Begleiter werden. Alles ist mit allem vernetzt und kann von allen genutzt werden – ob für positive oder schädliche Zwecke.

> Die Dominanz von Daten aus allen Bereichen gegenüber der persönlichen Wahrnehmung führt in Verbindung mit einer auf den Einsatz von Technologien zugeschnittenen Umwelt zu einer Virtualisierung der Lebenswelt. (Klauß und Mierke 2017: 251)

Bei der ungeheuren technologischen Dynamik ist es kaum möglich, konkrete Entwicklungen für die nächsten 15 oder mehr Jahre vorherzusagen. Nach eigenen Recherchen und der Analyse etlicher Studien und Meta-Studien (Referenzen und Beispiele siehe Klauß und Mierke 2017: 19 f.) haben wir die folgenden digitalen Mega-Trends herauskristallisiert:

- *Virtual und Augmented Reality*
  VR und AR werden sich im zweiten Anlauf als Massenphänomen durchsetzen, weil seit 2016 leistungsfähige und kostengünstige Geräte und Anwendungen auf dem Markt sind. Hinzu kommen holografische Technologien wie die HoloLens mit enormem Zukunftspotenzial.
- *Internet der Dinge* (IoT)
  Einer der Eckpfeiler der Industrie 4.0 mit prognostizierten rund 50 Milliarden vernetzten Geräten bis 2020, vom Verkehrsmittel über Smart-Home-Technik und Wearables (alles, was am Körper getragen werden kann) bis zu Mikrobots (vgl. Gartner Inc. 2017).
- *Vom mobilen zum ubiquitären Internet*
  Nach den IT-Analysten von IDC werden bis 2020 (vgl. IDC) die meisten Mobiltelefone auf der Welt Smartphones sein, danach werden sie langsam von Wearables abgelöst. Parallel versuchen mächtige Player wie Facebook sukzessive, den Rest der Weltbevölkerung mit (ihren) Internetdiensten zu verbinden. Mit Wearables und dem IoT, Biosensoren, miniaturisierten oder immateriellen Displays entstehen allgegenwärtige, intelligente Umgebungen.
- *Distributed-Ledger-Infrastrukturen (DLTs), bekannter als Blockchains*
  Die Technologie hinter der virtuellen Währung Bitcoin ist weit über den Finanzsektor hinaus relevant: Sie kann die vertraglichen und institutionellen Prozesse der klassischen Märkte wie z. B. Energiemärkte im Wissenschafts- und öffentlichen Sektor ersetzen.
- *Big Data und Cloud Computing*
  Die Sammlung, Verteilung und Verarbeitung unvorstellbarer Mengen der Ressource des 21. Jahrhunderts sind auch Grundlage für leistungsfähige Maschinenlernalgorithmen. Allgemein werden laut ESPAS der Besitz von Daten, deren Auswertung und Ausnutzung zur primären Quelle ökonomischer und politischer Macht (vgl. European Strategy and Policy Analysis System 2015).
- *Machine Learning*
  Nach Aussage mehrerer Experten wie Eric Schmidt (Alphabet), Erik Brynjolfsson und Andrew McAfee (2014) und anderen ist Machine Learning „*der* große Treiber", weil autonom lernende Systeme Anwendungsbereiche der Automatisierung eröffnen, die mit herkömmlichen Algorithmen nicht denkbar waren.

- *Robotik*
  Mithilfe von Lernalgorithmen werden die Einsatzfelder für Roboter exponentiell wachsen, sodass sie in vielen Lebensbereichen Arbeiten von Menschen übernehmen werden.
- *3D-Drucker*
  Für alle möglichen anorganischen und vermehrt organischen Produkte von Hausteilen über Torten bis hin zu menschlichen (Ersatz-)Organen werden sie eingesetzt.
- *Intelligente synthetische Materialien*
  Interaktiv auf äußere Einflüsse reagierende, abbaubare oder aus Abfallprodukten hergestellte Materialien werden die nicht abbaubaren Kunststoffe ersetzen. Die ersten Anwendungsbereiche liegen in der Mode/Bekleidungsindustrie und Architektur.
- *Zusammenwachsen von Bio- und Informationstechnologie*
  Zunächst in der Medizin (siehe Exoskelett, Neuronen-Mikrochip-Verbindungen) wird das Zusammenwachsen von Bio- und Informationstechnologie später die Mensch-Maschine-Schnittstelle revolutionieren.

Daraus lassen sich drei Entwicklungsstränge ableiten, auf die sich gemäß einer Meta-Recherche in allen referenzierten Quellen die meisten Experten für die nächsten fünf bis zehn Jahre einigen können:

I. *Allgegenwärtige Vernetzung* (Connectivity, IoT, Wearables, Cloud Computing, Big Data)
II. *Virtuelle und erweiterte Realität* (VR = Virtual Reality, AR = Augmented Reality)
III. *Künstliche Intelligenz* (KI/AI = Artificial Intelligence), maschinelles Lernen (Deep Learning), Robotik

Weiter in die Zukunft geblickt, zeichnet sich eine Art Megakonvergenz von *N*ano-, *B*io- und *I*nformationstechnologie mit den *C*ognitive Sciences (Kognitionswissenschaften), kurz „*NBIC*-Revolution", ab. Diese äußert sich in der Medizin unter anderem in invasiver neuer Genetik (CRISPR), Nanobots oder Neurochipschnittstellen und Implantaten (vgl. Klauß und Mierke 2017: 20).

Hier gibt es auch eine Verbindung zu neuronalen Lernprogrammen, die aktuell zwar biologische Neuronennetze nur simulieren, zukünftig aber mit diesen kooperieren könnten. Generell wirft die Zusammenarbeit zwischen künstlichen und lebenden Systemen eine der entscheidenden mit der digitalen Transformation verbundenen gesellschaftlichen Fragen auf: Wo wird zukünftig die Grenze zwischen künstlichen und menschlichen Leistungen gezogen?

2.1 Künstliche Intelligenz

> Künstliche Intelligenz ist eines der wichtigsten Themen
> dieses Jahrhunderts.
>
> (Armbruster 2017)

Die Jahre 2012/13 markierten einen entscheidenden Wendepunkt in der vorher etwas aus dem Blickfeld geratenen KI: Mit den ersten mehrschichtigen neuronalen Netzen gelang ein großer Sprung in der Leistungsfähigkeit von Lernalgorithmen. Seitdem wird Deep Learning fortlaufend weiterentwickelt.

Nicht nur Alphabet, auch Facebook, IBM, SAP, Microsoft, Apple, Amazon und viele andere IT-Konzerne investieren massiv in maschinelle Intelligenz. Die Maschinenlernalgorithmen arbeiten prinzipiell vom Anwendungsbereich unabhängig, da sie zu Beginn komplett leer ohne jedes „Wissen" oder Modell gestartet werden. Deshalb müssen sie mit sehr, sehr vielen Daten gefüttert werden, um zu „lernen", d. h., sich „Wissen" anzueignen und daraus automatisch ein Modell des Anwendungsgebietes zu schließen. Das Futter bekommen sie von Plattformen, die „Big Data" aus vernetzten (Cloud-)Anwendungen und Geräten (IoT) sammeln.

Beispiel: Googles Lernalgorithmus „Deep Mind" wurde über mehrere Tage mit zehn Millionen YouTube-Videos zu Haustieren gespeist. Aufgrund der vielen, vielen Bilder von Katzen hat das System automatisch ein allgemeines, grafisches Muster „Katze" generiert, ohne dass die Entwickler vor oder während des Trainings eine Definition, wie „Das hier ist eine Katze" eingegeben hätten. „Er (der Deep Learning-Algorithmus, Anm. d. V.) erfand im Grunde das Konzept einer Katze." Dies sei der Kern der neuen Forschung, so einer der Entwickler (Heuser 2016).

So finden sie Muster in unvorstellbar großen, beliebigen Datensammlungen aus Zahlen, Texten, Tonaufzeichnungen, statischen oder bewegten Bildern. Dabei ermitteln sie nicht, wie diese Häufungsmuster (Korrelationen) zustande kommen, ob rein zufällig oder durch eine folgerichtige, logische Entwicklung[2].

Die Algorithmen von Google, Facebook, IBM, Microsoft, SAP und Amazon können im Prinzip auf alle Daten aus dem Internet der Dinge angewendet werden: IBM Watson ist mit Fahrzeugen, Gesundheitseinrichtungen, Kundendienstsystemen und Finanzdienstleistungen vernetzt,

---

2 Anm. d. V.: Um an dieser Stelle mit einem weitverbreiteten Missverständnis aufzuräumen: Statistiken und Datenmuster analysieren keine Ursache-Wirkungs-Zusammenhänge!

Amazons Alexa mit dem Smart Home und dem Handel, Google Voice mit allen Google-Diensten usw.

So ist die neue KI-Revolution durch Lernalgorithmen eng mit den Themen allgegenwärtiger Vernetzung und Big Data gekoppelt. Auch bei Microsoft wird KI in der Sparte „Cloud Computing" vom exorbitanten Datenwachstum getrieben. Mit zunehmender Vernetzung fallen immer mehr Daten an, die verarbeitet werden müssen: Laut Statista wird sich die weltweit generierte Datenmenge von 33 im Jahr 2018 bis auf 175 ZettaByte (ZB) im Jahr 2025 mehr als verfünffachen (vgl. Statista 2019). Schon 2017 sind 90 % der verfügbaren Daten weniger als zwei Jahre alt.

Beispiele, wo intelligente Algorithmen etwa zur Datenanalyse oder Steuerung von Robotern eingesetzt werden, finden sich in allen Lebensbereichen. Nach Meinung vieler Experten sind hier in naher Zukunft weitere, bahnbrechende Entwicklungen zu erwarten, vor allem in Verbindung mit autonomen Maschinen (z. B. Drohnen und Fahrzeugen) bzw. Robotern.

Schon heute können Maschinen Menschen im Prinzip in allen Tätigkeiten überflügeln, die sich formell eindeutig beschreiben lassen. Mit der Weiterentwicklung mächtiger Lernalgorithmen, die auf der Simulation mehrschichtiger, neuronaler Netze arbeiten (wie Deep Q), hat sich das Spektrum erheblich erweitert: Nun sind neben einfachen Routinearbeiten auch komplexere, regelbasierten Abläufe, wie z. B. viele Programmierarbeiten („Coding" eher als höherwertige Entwicklung oder Modellierung) oder schematische Textarbeiten, davon betroffen.

2.2 Veränderung der Arbeitswelt

Tätigkeiten mit einem hohen Anteil an kommunikativen, sozialen, interdisziplinären und strategischen Anforderungen wie beispielsweise Personalleitung, Lehren, Beraten, Sozialarbeit, psychologische Betreuung, Moderation, Allgemeinmedizin, Pflege, Diplomatie/Politik und das Schreiben qualitativ hochwertiger Texte werden kaum von Bots ersetzt werden. „Hochwertiger" Text deshalb, weil es mittlerweile Sprachprogramme gibt, die aus Daten, Syntax- und Semantikalgorithmen plus Wörterbuch und Standardfloskeln artikeltaugliche Texte generieren.

Fast im gesamten Sozialbereich würden die meisten Betroffenen lieber von einer geeigneten Humankraft als von einem auch noch so menschlichen Roboter betreut werden. In der Studienreihe robots@work4.0 wurden 700 Angestellte aus den USA und Deutschland gefragt, wie aufgeschlossen sie gegenüber Robotern in der Arbeitswelt sind. Drei Viertel der

Befragten würden Dienstleistungen von Robotern akzeptieren. Dies gilt jedoch nicht für alle Arten von Dienstleistungen: Genannt wurden vornehmlich Tätigkeiten an Informations- oder Transaktionsschaltern wie Kassen, Informations-, Bahnhofs-, Autovermietungs- oder Bankschaltern. Für sensible, persönliche Dienstleistungen, wie z. B. komplexere Finanzberatungen, psychologische, ärztliche Betreuung oder Altenpflege, bevorzugen mehr als 80 % der Befragten den Kontakt mit Menschen (vgl. Sibercon GmbH 2016).

Stefan Schaal vom MPI für Intelligente Systeme glaubt, dass auch in 30 Jahren Pflegeroboter noch nicht so weit sein werden, Pflegekräfte vollständig zu ersetzen (vgl. kultur-im-radio.de). In fast allen Bereichen, in denen zwischenmenschliche Kommunikation – vor allem gestische, mimische und sprachliche – eine hervorstechende Rolle spielt, kommen in der Regel Menschen besser an als Maschinen. Künstlichen Intelligenzen fehlen grundlegende Fähigkeiten und Erfahrungen, die uns Menschen ermöglichen, in unbekannten Situationen plausibel zu handeln. Aus heutiger Sicht würde ein Roboterleben nicht ausreichen, ihm diese Kenntnisse anzutrainieren. Ihnen fehlen Millionen Jahre Entwicklungsgeschichte, die Menschen und andere Lebewesen mit angeborenen Kompetenzen ausgestattet hat. Dazu gehören die im Gehirn angelegten Fähigkeiten zu gehen oder unsere Hände flexibel, feinmotorisch und feinfühlig einzusetzen. Auch entwickelt unser Gehirn automatisch Heuristiken, die es uns erst ermöglichen, uns in einer Umgebung, die unzählbar viele Daten bereithält, zu orientieren, Entscheidungen zu treffen und in Sekundenbruchteilen zu handeln.

Computer werden, solange sie an irgendeine Form von Programmierung – sei es elektronische oder biologische – gebunden sind, per Definition nicht frei entscheiden können: Auch wenn die Ergebnisse der Programmierung nicht vorhersehbar sind, darf das nicht mit Entscheidungsfreiheit verwechselt werden, weil alle rechnerischen Optionen durch den Code festgelegt sind. Wäre der menschliche Geist bereits vollständig im genetischen Code festgelegt, wäre auch der Mensch nicht mehr als eine Biomaschine und damit ohne Verantwortung – eine Sichtweise, die allein schon aus gesellschaftlichen Gründen keinen Sinn ergibt.

2.3 Robotik: Von der künstlichen Intelligenz zum Familienmitglied?

Wenn künstlich intelligente Maschinen mit einer attraktiven, kuscheligen Form verhüllt werden, große Augen bekommen, die sich öffnen, schließen und Tränenflüssigkeit absondern können, ist es um die meisten Menschen geschehen. In Experimenten mit derartigen Techno-Pets haben erwachsene Menschen (keine Kinder) von „Mitgefühl" berichtet, als sie aufgefordert wurden, die Geräte auszuschalten. Manche Menschen entwickeln sogar so viel Vertrauen zu Maschinen, wie sie es nur wenigen Menschen entgegenbringen.

Solche Leistungen können den Eindruck erwecken, Maschinen könnten Menschen verstehen, Gefühle nachempfinden und Gefühle zeigen. Mit der Simulation menschenähnlichen Verhaltens beschäftigt sich *anthropomorphes User Experience Design*. In dieser noch recht jungen Disziplin werden Muster und Strukturen der Mensch-Mensch-Interaktion analysiert, maschinengerecht beschrieben (modelliert) und einprogrammiert. Aus einer Mensch-Maschine-Interaktion kann so die Illusion einer Beziehung zwischen einem Ich und einem Du werden. Und das, obwohl kein Roboter ein autonomes, zu Empathie fähiges Wesen mit Gefühlen oder gar Bewusstsein ist. Auch sind die maschinellen Kommunikationsfähigkeiten – nicht technisch betrachtet – im Vergleich zu denen gebildeter Menschen sehr limitiert (vgl. Klauß und Mierke 2017).

Die Roboter sind vielmehr eine Projektionsfläche für menschliche Empfindungen und können Menschen dazu bringen, sich ihnen auf menschliche Art zu nähern.

In Japan gibt es Tendenzen, Roboter und andere digitale Begleiter, die ein am Menschen orientiertes Verhalten zeigen, tatsächlich als Familienmitglieder anzuerkennen. Das Produktvideo des japanischen Herstellers von Jibo, in dem der Roboter mit der Familie lachend am Tisch sitzt und den Kindern vorliest, endet mit dem Satz „He is one of the family!". Was genau qualifiziert die lächelnde Weißware dazu, ein Teil der Familie zu sein?

Die Frage rührt an kulturellen und persönlichen Grundfesten. Der informationsökonomisch forcierte Trend, das eigene Leben und das seiner Familie ständig zu optimieren, führt dazu, Aufgaben, die früher die Familie erfüllt hat, auszulagern. Die steigende Nachfrage nach einem Outsourcing persönlicher Tätigkeiten wie Hausarbeit, Kindererziehung, Altenpflege, Bildung, Lernen etc. zeigt sich auch in der Nutzung von Online-Portalen, auf denen solche Leistungen angeboten werden (u. a. helping.de, bookatiger.com oder betreut.de). Eine kaum zu überschätzende Rolle werden dabei in naher Zukunft digitale, persönliche Assistenten als Weiterentwicklungen von Siri (Apple), Cortana (Microsoft), M (Facebook), Echo (Amazon) oder Voice und Home (Google) spielen. Sie werden unmerklich zum ständigen Begleiter und lernen schneller als viele Freunde, meine Gewohnheiten, Vorlieben und Bedürfnisse zu berücksichtigen. Ein besonders nahestehender Freund eben oder wie Sundar Pichai, Chef von Google, es ausdrückt: „eine natürliche Erweiterung des Menschen" (Heuser 2016: 19f). Möglich wird das durch Lernalgorithmen, die fortlaufend mit persönlichen Daten gefüttert werden.

Je mehr persönliche Aufgaben an Maschinen abgegeben werden, umso vielschichtiger und enger wird das Verhältnis zu ihnen. Nach der Akteur-Netzwerk-Theorie des französischen Soziologen Bruno Latour (2007) muss man sich Menschen als „verteilte Wesen" vorstellen, die mit technischen Dingen so eng in sozialen Umwelten leben, dass ihre Handlungen nicht mehr getrennt von den Maschinen betrachtet werden können. Einfach verdeutlichen lässt sich das am Beispiel der Kommunikation mit Freunden und Familienmitgliedern über Mobilgeräte und Social Networks: Die Geräte und Plattformen sind elementarer Teil der kommunikativen Beziehung und gestalten sie maßgeblich mit.

2.4 Plattformen

Plattformen sind weit mehr als Social Media- oder andere Online-Portale. Sie sind der technologische Kern ökonomisch-sozial-biologisch-technischer Ökosysteme, die vernetzte Lösungen für potenziell alle Anwendungs- und Gesellschaftsbereiche anbieten.

Technisch geht es dabei um die Verknüpfung möglichst vieler Dinge, Daten und Dienste mit möglichst vielen Nutzern. Datengestützte Geschäftsmodelle werten von vernetzten Dingen, Gadgets oder Online-Diensten gelieferte Kunden- und andere Daten mithilfe intelligenter Analyseprogramme aus, um daraus kundenspezifische Angebote zu generieren.

Die Plattform sammelt alle Daten und wertet sie zur eigenen Profitmaximierung aus, sodass der Betreiber einen extremen Informationsvorsprung gegenüber allen anderen Akteuren bekommt. Die Plattformnutzer hingegen konkurrieren nur untereinander und sind dabei abhängig von der Plattform. Die nur mittels IT mögliche Konstellation, bei der die Plattform als Markt alle Informationen seiner Teilnehmer und Aktivitäten aggregiert, ist ein Grundprinzip der Informationsökonomie (manche sagen auch „Plattformökonomie") mit weitreichenden Konsequenzen.

Eine logische Konsequenz ist, dass sich neue Jobs in erster Linie im Umfeld dieser Plattformen ansiedeln, z. B. als Zusatzdienstanbieter. Ob unter dem Vorzeichen von maschineller Intelligenz und Plattform-Ökonomie genügend Arbeitsplätze für breitere Bevölkerungsschichten entstehen können, ist eine der für die Zukunft wichtigsten Fragen.

3. Folgerungen

Die Zukunft liegt wahrscheinlich in der engen Kooperation, ja Verbindung von Menschen und Maschinen zu „Social Machines": „The emerging paradigm of social machines provides a lens onto future developments in scholarship and scholarly collaboration, as we live and study in a hybrid physical-digital sociotechnical system of enormous and growing scale" (De Roure 2014)[3].

Folglich müssen bestehende Berufe neu gedacht und neue Berufsfelder definiert werden, in denen Mensch und Maschine sinnvoll und leistungsstark zusammenarbeiten können.

In der Ausbildung wird es darum gehen, die Grundprinzipien von und die Arbeit mit Systemen in dem jeweiligen Berufsfeld zu lernen. Zudem müssen diejenigen Fertigkeiten verstärkt ausgebildet werden, die weniger sinnvoll und gut von künstlichen Systemen erledigt werden können. Dies umfasst Kenntnisse, die notwendig sind, um verantwortungsvoll und effektiv mit Maschinen zusammenarbeiten zu können. Dabei geht es auch um Kompetenzen, die ein zielführendes, verantwortungsvolles Handeln ermöglichen. Soziotechnische Systeme, in denen Menschen und Maschinen vernetzt kooperieren, werden zum Standard, den es auszugestalten gilt.

Sollen Menschen zukünftig nicht komplett von Maschinen entmündigt werden, müssen Bildung und Ausbildung eine auf gesellschaftlichen, menschlichen, also humanistischen Werten begründete Entscheidungsfähigkeit erreichen. Dafür muss schon in der (früh-)kindlichen Erziehung, aber vor allem in der Schule und Ausbildung Meta-Wissen über die prinzipiellen Möglichkeiten, die Grenzen sowie Chancen und Risiken des Einsatzes von Technologien vermittelt werden. Die einseitige Förderung der MINT-Fächer und mathematisch-logischer Kompetenzen etwa in den Ingenieur- und Wirtschaftswissenschaften führt auf lange Sicht in die Sackgasse. Auf diesen Gebieten werden intelligente Algorithmen und lernfähige Roboter zuerst die Oberhand gewinnen, was sie in vielen Fällen ja auch schon getan haben. Demzufolge müssen diejenigen, die mit intelligenten Werkzeugen zusammenarbeiten, befähigt werden, deren Leistungen und Ergebnisse richtig einzuschätzen. Schon heute können viele Manager, Bör-

---

3 Blockchains sind auch eine Art von sozialen Maschinen, in dem die menschlichen Teilnehmer Ressourcen bereitstellen und Transaktionen auslösen, die von den Algorithmen des alles verbindenden, digitalen Systems automatisch verarbeitet werden.

senhändler und andere nicht erklären, wie die Ergebnisse der von ihnen genutzten Tools zustande kommen. Trotzdem basieren zum Teil gravierende Entscheidungen auf diesen Ergebnissen. Wie sollen die Menschen so verantwortlich handeln können?

Diese Wissens- und Kompetenzlücken gilt es zu verringern, wenn die mächtigen Technologien zum Wohle der Gesellschaft eingesetzt werden sollen. Denn wie mehrfach betont geht es dabei nicht um die Bedienfertigkeit der Systeme, denn die werden ohnehin so weit automatisiert, dass zu ihrer Bedienung keine Kompetenz mehr erforderlich sein wird – wie es in der Entwicklung vom ersten PC zum Tablet erkennbar ist.

4. Was bedeutet das für Organisationen im Sozial- und Gesundheitssektor?

Die Folgerungen für Erziehung, Aus- und Fortbildung gelten ebenfalls für den Sozial- und Gesundheitssektor. Sie müssen zum einen die Entwicklung solcher Kompetenzen in ihren Bereichen fördern und Wege in neu gedachte oder neu aufgebaute Tätigkeitsfelder entwickeln.

Zum anderen benötigen sie digitale Strategien, Konzepte und Lösungsangebote für ihr verbandseigenes Handlungsfeld. D. h., sie müssen ihre Rolle und Tätigkeitsfelder in der digitalen Sphäre definieren und besetzen – eine elementare Aufgabe der Verbandsführung und kein Randgebiet, das nur in IT und Kommunikation behandelt werden sollte! Vielmehr ist es ein Thema des Top Managements.

Treiber für die digitale Transformation von Verbänden finden sich in allen Bereichen der Verbandsarbeit:

A. *Öffentlichkeit & Medien* erwarten schnelle, passgenaue, attraktive digitale Kommunikationsangebote und Verbände müssen sich im „war for attention" in den digitalen Medien behaupten (E-Campaigning, E-Lobbying, Agenda Setting).

B. *Mitglieder* erwarten professionelle, selbstorganisierte Interessensvertretungen mit Gremienarbeit auf Plattformen (Communities, Collaboration, Chatgroups), digitales Agenda Setting und E-Campaigning (Change.org, Twitter, Facebook, Youtube …).

C. Nicht zuletzt erwarten *Mitarbeitende* moderne Arbeitsmittel und Methoden, digitale Dienste und Kommunikation bei einem attraktiven, sinnstiftenden Arbeitgeber („war for talents").

IT gesellt sich mittlerweile neben die anderen, strategischen Kernaufgaben der Verbandsführung, da sie elementare Aspekte wie bspw. Kommunikation, Beziehungsmanagement, Themen-, Gremien-, Fachinformations-/

Wissensarbeit betreffen. Den Verbänden steht demnach in Umfang und Tiefe ein vergleichbarer Transformationsprozess bevor, wie sie die Medien und andere Branchen bereits erleben.

Viele Verbände müssen sich insgesamt serviceorientierter, professioneller, flexibler, effizienter und effektiver in fast allen Bereichen aufstellen. Dabei müssen sie den Mut haben, neue Wege zu gehen, um nicht in wenigen Jahren von Plattformen mit KI-Algorithmen/Bots verdrängt zu werden (siehe Abbildung 1):

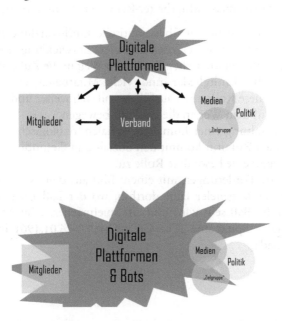

Abb. 1: Plattformen und Bots: Substitution vs. Ergänzung (eigene Darstellung)

Gerade im Sozialbereich kommt es darauf an, in das digitale Lebensumfeld der Menschen einzutauchen, dort präsent zu sein, wo sich die Klienten bewegen, um sie dort mit Hilfsangeboten abzuholen. Dafür bietet ein zukunftsfähiges Management der Key Assets eines Verbandes wie den Kontakt- und Kommunikationsdaten, Beziehungen, dokumentiertes Wissen sowie Bezugspersonen eine wichtige Grundlage. Die zentrale Anforderung für moderne Verbandsarbeit ist demnach eine interne Modernisierung als Voraussetzung für eine moderne Außenwirkung.

Allem zugrunde liegt eine mit der Organisationskultur einhergehende Digitalstrategie, aus der sich konkrete Maßnahmen für eine nachhaltige Entwicklung des Verbandes ableiten, etwa bzgl.:

- Organisationsentwicklung und Changemanagement,
- Prozess-, Qualitäts- und Wissensmanagement (Geschäftsstelle/n und Verbandsnetzwerk),
- Projektarbeit, Gremienarbeit, Community Building und Networking,
- Verbandsmarketing, neue Mitgliederservices,
- Kommunikationsmanagement intern und nach außen,
- Veranstaltungsmanagement und -bewerbung,
- Lobbying, Monitoring und Agenda Setting,
- Personalmanagement, Mitarbeiter-Rekrutierung und mehr.

Verbände können nicht nur über politische Einflussnahme mitgestalten, sondern vielmehr mit der eigenen digitalen Entwicklung über ihre Mitglieder Millionen von Menschen direkt den Weg in die Zukunft ebnen.

Politik, Verbandsmitglieder und viele Mitarbeiter erwarten immer mehr, dass sie diese Rolle auch ausfüllen und sich weiter und deutlich aktiver als bisher auf dem Weg in die Zukunft bewegen.

Für die Gestaltung einer humanen, sozialen, ökologischen und ökonomisch gesunden Zukunft kommt den Sozial- und Gesundheitsorganisationen selbstredend eine besondere Rolle zu.

Um die (An-)Forderungen mit einem Bild aus dem Sport zu untermalen: Ein solider Mitspieler läuft dorthin, wo der Ball ist, ein sehr guter dorthin, wo der Ball sein wird und ein Spielmacher… (in Anlehnung an Wayne Gretzky, Spitzname „The Great One" * 26.01.1961 in Brantford, Ontario, Kanada).

Literatur

Armbruster, Alexander (2017): Aufstieg der Computer-Gehirne. In: FAZ.net. Online unter: http://www.faz.net/aktuell/wirtschaft/netzwirtschaft/kuenstliche-intelligenz-aufstieg-der-computer-gehir-ne-14629813.html. Aktualisiert am 19.01.2017.

Brynjolfsson, Eric und McAfee, Andrew (2014): The Second Machine Age. Börsenbuchverlag, Kulmbach.

De Roure, David (2014): The Future of Research Communications. In: UKSG, 27 (3), S. 233–238. Online unter: https://figshare.com/articles/The_Future_of_Research_Communications/1228809.

European Strategy and Policy Analysis System (Hrsg.) (2015): Global Trends to 2030: Can the EU meet the challenges ahead? Online unter: http://ec.europa.eu/epsc/sites/epsc/files/espas-report-2015.pdf. Abruf 29.06.2018.

European Strategy and Policy Analysis System (Hrsg.) (2016): Shaping the Future – Thoughts on the Future of Society and Governance. Online unter: https://ec.eur opa.eu/epsc/sites/epsc/files/espas16_-_shaping_the_future_-_booklet.pdf

Gartner Inc. (2017): 8.4 Billion Connected „Things" will Be in Use in 2017, Up 31 Percent From 2016. Online unter: https://www.gartner.com/en/newsroom/press-releases/2017-02-07-gartner-says-8-billion-connected-things-will-be-in-use-in-2017 -up-31-percent-from-2016. Veröffentlicht am 07.02.2017.

Heuser, Uwe Jean (2016): Ein gnadenloser Optimist. In: ZEIT. Online unter: https: //www.zeit.de/2016/52/sundar-pichai-google-kuenstliche-intelligenz. Veröffent-licht am 15.12.2016.

IDC: Suchabfrage "Smartphone". Online unter: https://www.idc.com/search/simpl e/perform_.do?query=smartphone&page=1&hitsPerPage=25&sortBy=RELEVA NCY&lang=English&srchIn=ALLRESEARCH&src=&athrT=10&cmpT=10&pg T=10&trid=60671737&siteContext=DE

Klauß, Thomas und Mierke, Annika (2017): Szenarien einer digitalen Welt – heute und morgen. München, Hanser.

kultur im radio (2016). Bis zum Humanoiden ist es noch weit. Online unter: http:// kultur-im-radio.de/blog/bis-zum-humanoiden-ist-es-noch-weit. Veröffentlicht am 17.11.2016.

Latour, Bruno (2007): Eine neue Soziologie für eine neue Gesellschaft. Frankfurt, Suhrkamp.

Oxfam Deutschland (2017). Online unter: https://www.oxfam.de/system/files/2017 0116-oxfam-factsheet-wirtschaftssystem-fuer-alle.pdf.

Sibercon GmbH (Hrsg.) (2016): Humanoide Roboter im Büro: Kollege ja, Chef nein. Online unter: https://www.technikneuheiten.com/humanoide-roboter-im-buero-kollege-ja-chef-nein/. Veröffentlicht am 02.11.2016.

Statista (2019): Prognose zum Volumen der jährlich generierten digitalen Daten-menge weltweit in den Jahren 2018 und 2025. Online unter: https://de.statista.c om/statistik/daten/studie/267974/umfrage/prognose-zum-weltweit-generierten-d atenvolumen/. Veröffentlicht am 14.01.2019.

Digitalisierung ändert nichts – außer alles
Stand und Herausforderungen in der Sozialwirtschaft

Helmut Kreidenweis[1]

> Mist, wenn er digitalisiert wird, bleibt trotzdem Mist.
> Digitalisierter Mist.
> (Dopheide 2017: 124)

1. Digitaler Wandel: Worum geht es?

Digitaler Wandel oder Digitalisierung bezeichnen eine Entwicklung, die alle gesellschaftlichen Bereiche betrifft: Arbeit, soziale Beziehungen, Freizeit, Wohnen und vieles mehr. Ihre primären Treiber sind technologische Innovationen aus dem Feld der Informationstechnologien sowie deren rasche Adaption in Wirtschaft und Gesellschaft. Grundlage dafür ist eine Kombination mehrerer Technologien und Klassen von Anwendungssystemen (vgl. Kreidenweis 2018).

An erster Stelle dieser Technologien ist hier das weltumspannende *Internet* zu nennen, das insbesondere durch seine ortsunabhängige und permanente Verfügbarkeit viele Geschäftsmodelle heutiger Digitalunternehmen erst ermöglicht hat. Ein zweiter wichtiger Treiber ist die *Mobilisierung der IT und des Internets* in Form von Smartphones, Tablet-Computern und Smartwatches, die mit innovativen Bedienkonzepten die Technik nicht mehr technisch erscheinen ließen und ihre Nutzung auch für wenig computeraffine Menschen attraktiv machten. Nicht so stark ins Auge springen technologische Entwicklungen, die eher im Hintergrund wirken. Zu nennen ist hier etwa das *Cloud Computing*, das Rechen- und Speicherkapazitäten oder Software beliebig skalierbar bereitstellt und so Unternehmen flexible und wirtschaftliche Formen der IT-Nutzung ermöglicht. Ein weiteres Element sind neuartige softwaregestützte Analysemethoden, die unter

---

1 *Prof. Helmut Kreidenweis*, Professor für Sozialinformatik an der Katholischen Universität Eichstätt-Ingolstadt und Vorstandsmitglied im Fachverband Informationstechnologie in Sozialwirtschaft und Sozialverwaltung FINSOZ e. V. E-Mail: helmut.kreidenweis@ku.de.

Stichworten wie *Big Data oder Advanced Analytics* verhandelt werden (vgl. Mack 2018). Sie ermöglichen es, große, auch unstrukturierte Datenmengen wie Postings in sozialen Netzwerken oder Fotos auszuwerten und so etwa gezielt zu steuern, welche Werbung oder welche Themen, Bilder oder Kontakte der Nutzer zu sehen bekommt. Mit diesen Technologien ist auch die Rede von den Daten als Rohöl der digitalen Wirtschaft verknüpft, mit deren Hilfe sich Unternehmen mit Zugang zu großen Datenmengen und entsprechendem Know-how Marktvorteile verschaffen können. Die softwaregesteuerte *Individualisierung* von Inhalten findet vor allem in *Sozialen Medien* statt, die als weiterer wichtiger Baustein der Digitalisierung bezeichnet werden können (vgl. Wagner 2018). Facebook mit seinem Ableger, dem Instant-Messaging-Dienst WhatsApp, bietet als derzeit führender Vertreter dieser internetbasierten Kommunikations- und Content-Plattformen seinen Nutzern mittlerweile eine nahezu in sich geschlossene Welt mit einer Mischung aus Information und Interaktion, deren Inhalte von Privatnutzern, Firmen, Politikern, Vertretern der klassischen Medien oder zunehmend auch aus interessensgesteuerten *Kommunikationsrobotern* (Bots) stammen.

Als jüngste Entwicklungen aus dem Reich der Digitalisierung gelten die enormen Fortschritte auf dem Gebiet der *Künstlichen Intelligenz* (KI) und der *Robotik.* Zwar sind diese Maschinen noch immer weit vom Niveau menschlicher Intelligenz oder Feinmotorik entfernt, doch lässt sich bereits erahnen, dass der Abstand in den nächsten Jahren und Jahrzehnten deutlich schrumpfen wird. Schon heute ist es auf begrenzten Gebieten möglich, menschliche Denk- und Kommunikationsleistungen durch Computer und Roboter zu ergänzen oder zu ersetzen. Denn die Maschinen sind schon in der Lage, Informationen autonom zu sammeln, zu bewerten und Entscheidungen zu treffen. Vor allem aber können sie ihre Denk- und Handlungsstrategien auf das jeweilige Themengebiet bezogen autonom optimieren. Im Unterschied zu klassischen Computerprogrammen sind daher selbst die Entwickler dieser Systeme nicht mehr dazu in der Lage, genau vorherzusagen, wie eine KI-Software entscheidet.

2. Wirkungen auf Wirtschaft und Gesellschaft

Im Prozess der Digitalisierung sind die zumeist aus dem Silicon Valley stammenden disruptiven Geschäftsmodelle in der gewerblichen Wirtschaft ein entscheidender Meilenstein. Zwar bewirkte der technische Fortschritt schon immer Umwälzungen im Wirtschaftsleben, doch vielfach betrafen diese nur einzelne Branchen und ihr Tempo war überschaubar, da physische Güter wie Maschinen immer eine entscheidende Rolle spielten. Sie mussten zunächst einmal produziert, transportiert und selbst wiederum mit Materialien versorgt werden. Die Geschäftsmodelle etwa von Google oder Facebook bewegen sich dagegen ausschließlich in der virtuellen Welt und bei Firmen wie Uber oder Airbnb stehen Objekte aus der materiellen Welt nur ganz am Ende der Wertschöpfungskette. Prägend für deren Geschäftsmodelle sind ebenfalls rein digitale Prozesse. Auf diese Weise ist eine völlig andere Dynamik und Ausbreitungsgeschwindigkeit möglich, als das bei früheren Formen der wirtschaftlichen Entwicklung der Fall war:

Hat das Telefon zur Erreichung von 50 Millionen Nutzern noch 70 Jahre gebraucht, waren es beim Internet nur noch vier Jahre und beim Spiel Pokémon GO ganze zehn Tage. Und wer vor etwa zehn Jahren behauptet hätte, dass heute das größte Taxiunternehmen der Welt keine eigenen Fahrzeuge besitzt (Uber) oder der größte Anbieter von Unterkünften keine Hotels betreibt (Airbnb), wäre wohl für verrückt erklärt worden. Ein anschauliches Beispiel dafür, wie mit einem digitalen Geschäftsmodell die Spielregeln der analogen Welt verändert werden können, ist auch die Geschichte der Firma Flixbus: Während angesichts der Freigabe des Fernbus-Marktes viele etablierte Unternehmen sich in Position brachten, indem sie Busse kauften und Fahrer einstellten, analysierten die beiden Flixbus-Gründer ein Jahr lang nur alle Daten, die sie über Verkehrsströme, Reiseverhalten und Preismodelle bekommen konnten. Sie hielten sich auch nicht damit auf, Fahrzeuge zu kaufen, sondern schufen stattdessen ein Geschäftsmodell mit einem webbasierten Buchungs- und Steuerungssystem. Heute hat das Start-up-Unternehmen Flixbus mit einem Umsatz von rund 400 Millionen Euro und einem Marktanteil von gut 90 Prozent selbst Schwergewichte wie die Deutsche Post oder Deutsche Bahn aus dem Fernbus-Markt verdrängt und wurde in nur drei Jahren unumstrittener Marktführer in Europa (vgl. Gorgs 2016: 106 ff.) Diese Beispiele zeigen deutlich: Daten sind der neue Rohstoff einer digitalen Wirtschaft. Nicht mehr der Besitz von Beton oder Blech schaffen Marktmacht, sondern der Besitz und die intelligente Nutzung von Daten und Informationen.

Begnügen sich die Schöpfer vieler digitaler Geschäftsmodelle anfangs mit einer nur geringen Wertschöpfungstiefe, wie etwa der reinen Vermittlung von Produkten oder Dienstleistungen, besetzen sie nach und nach immer größere Teile der Wertschöpfungskette. Ein gutes Beispiel dafür ist Amazon, das seine Aktivitäten nun neben dem Verkauf auch in die Endgeräte und die Logistik ausweitet, oder Google, das über die reine Suchmaschinenfunktion hinaus jetzt auch höherwertigere Leistungen wie Produktvergleiche oder direkte Buchung von Leistungen anbietet und in völlig neue Märkte, wie selbstfahrende Autos oder Medizin, vordringt. „Telefonieren tu ich nur mit alten Leuten." – Dieses Zitat eines 14-jährigen Jungen (Süddeutsche Zeitung 04./05.03.2017: 10) drückt plastisch aus, dass mit der immer schnelleren Adaption neuer technischer Geräte und Geschäftsmodelle auch tiefgreifende gesellschaftliche Veränderungen einhergehen. Sie betreffen nahezu das gesamte Privatleben und reichen bis in die intimsten Bereiche. So hat sich die Art zu kommunizieren und Sozialkontakte zu pflegen insbesondere bei jüngeren Menschen radikal gewandelt. Medial-vernetzte Kommunikation, vor allem über Soziale Medien, ergänzt oder ersetzt vielfach analoge Kommunikation, mündliche Formen werden durch schriftliche Formen ersetzt, für die sich wiederum völlig eigene Sprachstile herausbilden. Anders ausgedrückt: Die gesellschaftliche Basiseinheit „Kommunikationszeit" verschiebt sich immer stärker in den digitalen Raum und prägt das gesellschaftliche und wirtschaftliche Miteinander (vgl. Kollmann und Schmidt 2016: 3).

Radikalen Veränderungen ist auch die politisch-gesellschaftliche Meinungsbildung unterworfen: Soziale Medien sind heute für viele Menschen wichtigere Informationsquellen als klassische Massenmedien. Ihre Algorithmen erzeugen Filterblasen, die den Menschen nur mehr diejenigen Informationen präsentieren, die in ihr Weltbild passen und dieses somit weiter verfestigen. Jobportale oder Geschäftsnetzwerke verändern die Art, sich beruflich zu orientieren, und ermöglichen es, sich unabhängig vom eigenen Arbeitgeber mit anderen Akteuren der eigenen Branche zu vernetzen. Über Nachbarschafts- und Ehrenamts-Apps können sich Menschen ad hoc und ohne institutionellen Hintergrund gegenseitige Unterstützung leisten oder sich bürgerschaftlich engagieren. Selbst die Wahrnehmung von Realität wird durch die Digitalisierung verändert: Die physische Realität wird zunehmend durch virtuelle Realitäten ergänzt, etwa indem auf dem Smartphone beim Gang durch eine Stadt Informationen über die reale Welt angezeigt werden, die dort nicht sichtbar sind. Oder es werden reale und virtuelle Welt vermischt, indem digitale Objekte in die reale Welt eingeblendet werden. Rein virtuelle Spielewelten schaffen wiederum eine ganz eigene Wirklichkeit, in die Menschen zum Teil so weit eintauchen, dass sie das reale Leben vernachlässigen und Symptome von Sucht entwickeln.

Dass die hier exemplarisch genannten Phänomene keine gesellschaftlichen Randerscheinungen sind, kann schlaglichtartig für die Bevölkerung der Bundesrepublik Deutschland mit folgenden Zahlen aus dem Jahr 2016 verdeutlicht werden (vgl. divsi.de, 2016):

- 61 Prozent der Deutschen können sich ein Leben ohne Internet nicht mehr vorstellen, 2012 waren es nur 50 Prozent.
- 58 Prozent sind täglich online, 2012 betrug der Anteil 38 Prozent.
- Die Zahl der Smartphone-Besitzer hat sich von 16 Prozent im Jahr 2012 auf 68 Prozent im Jahr 2016 vervierfacht.
- Kommunikation ist zentraler Treiber der intensiveren Internetnutzung. 69 Prozent nutzen Soziale Netzwerke.
- Nur noch 16 Prozent der Menschen waren noch nie im Internet unterwegs.

3. Wirkungen auf die Sozialwirtschaft

Eine Branche wie die Sozialwirtschaft, die Hilfsangebote für Menschen in vielen Lebensphasen und -lagen bereitstellt, ist permanent mit gesellschaftlichen Veränderungen konfrontiert. Es ist daher keine besonders originelle Erkenntnis, dass sich auch der digitale Wandel auf die Arbeit der Verbände und Einrichtungen auswirken wird. Nach Auffassung des Fachverbandes für IT in Sozialwirtschaft und Sozialverwaltung FINSOZ e.V. (vgl. Positionspapier Digitalisierung der Sozialwirtschaft 2017: 3) wird jedoch die Dynamik dieser Entwicklung von den Verantwortlichen der Branche vielfach noch unterschätzt. Denn „das schwierige [sic] am technischen Fortschritt ist oft sein Tempo: Die meisten Unternehmenslenker erkennen ihn nicht, bevor er als Bedrohung ihres Geschäftsmodells auftaucht und bisher weitgehend unbekannte Wettbewerber stark macht." (Kollmann und Schmidt 2016: 43)

„Die Freie Wohlfahrtspflege vor der Digitalisierung wird eine andere sein, [sic] als die nach der Digitalisierung", so Dr. Gerhard Timm (2017: 1), Geschäftsführer der Bundesarbeitsgemeinschaft der Freien Wohlfahrtspflege. Wenn sich Verhaltensweisen von Menschen grundlegend verändern, neue Technologien den Menschen mit Hilfebedarf deutlich mehr Autonomie ermöglichen, neue Geschäftsmodelle entstehen und andere Marktteilnehmer auftauchen, so können die über viele Jahrzehnte gewachsenen Grundfesten der Branche durchaus ins Wanken geraten. Dies zumal zentrale Eigenschaften des digitalen Wandels in hohem Maße mit sozialpolitischen Entwicklungstrends korrespondieren. Die Umgestaltung der ursprünglich korporativ organisierten Wohlfahrtspflege zu einem Sozialmarkt mit dedizierten Wettbewerbselementen und stärkerer Orientierung an den Hilfebedarfen der Klienten (vgl. exemplarisch Klug 1997; Dahme et al. 2005) ist, beginnend mit der Altenhilfe, schon seit den 1990er Jahren im Gang und wird durch die jüngste Gesetzgebung etwa in den Pflegestärkungsgesetzen I bis III und im Bundesteilhabegesetz bestätigt. Ziel des Gesetzgebers ist es dabei, vielfach neben einer Begrenzung der Kosten auch die Personenzentrierung, die Stärkung der Kundensouveränität und damit einhergehend eine stärkere Ausdifferenzierung des Leistungsspektrums zu forcieren. Denkt man diese Tendenzen weiter in die digitale Welt, so münden sie fast zwangsläufig in Formen einer digitalen Dienstleisterauswahl, bei denen sich Klient und Betreuer ihren Hilfemix individuell zusammenstellen und dabei die Auswirkungen ihrer Wahl auf das verfügbare Budget online nachverfolgen können. Nächster konsequenter Schritt ist die digitale Leistungsbuchung und -stornierung sowie eine digitale Dienstleisterbewertung nach Art von Amazon oder eBay. Zum Hilfemix können dabei natürlich auch hybride – also gemischt analog-digitale – oder rein digitale Dienstleistungen gehören.

Von den vielfältigen Facetten, Chancen und Risiken dieser Veränderungen können hier nur einige zentrale Aspekte benannt werden.

3.1 Plattform-Ökonomie

Neben dem klassischen Online-Handel haben sich in vielen Branchen mittlerweile internetbasierte Plattformen etabliert, die sich zwischen die Endkunden und die Anbieter schalten. Den Endkunden versprechen sie eine Reduktion der Suchkosten, indem sie die einzelnen Angebote sortieren, filtern, vergleichen und mit Kundenbewertungen anreichern. Den Anbietern können sie Marketingkosten sparen, da potenzielle Kunden über die Plattform auf sie aufmerksam werden.

Zunehmend ist zu beobachten, dass sich solche Plattformen auch im Bereich haushaltsnaher und sozialer Dienstleistungen etablieren. Sie vermitteln entweder meist selbstständig tätige Betreuungskräfte direkt oder stellen den Kontakt zu Institutionen her. Getreu dem Motto „Plattformen sind gut zu Konsumenten, schlecht zu Produzenten" (Kollmann und Schmidt 2016: 79) werden die Leistungen der Vermittlungsplattformen dabei regelmäßig nicht vom Endkunden, sondern vom Anbieter der Dienstleitung bezahlt. Auf diesem Markt sind heute bereits verschiedene nationale Firmen und internationale Konzerne wie care.com, betreut.de oder pflegix.de tätig und es ist nur eine Frage der Zeit, bis Marktgiganten wie Google oder Amazon auf diesem Feld aktiv werden.

Beachtlich ist dabei, dass viele Verantwortliche sozialer Träger diese Entwicklungen bislang noch gar nicht wahrnehmen. Genau wie dies schon in vielen anderen Branchen der Fall war, werden diese disruptiven Entwicklungen aus Unwissenheit oder Geringschätzung so lange ignoriert, bis sich monopolartige Strukturen herausgebildet haben, die den direkten Kundenzugang in weiten Bereichen abschnüren und kaum noch Spielraum für Gegenreaktionen lassen.

Dabei sind die genannten Web-Plattformen vermutlich erst der Anfang. Digitale Assistenten für die Wohnung von Konzernen wie Amazon oder Google, die mit natürlicher Sprache gesteuert werden, ermöglichen schon heute, Musik oder Filme abzuspielen, Heizung und Licht zu regeln oder einzukaufen. Haben sich diese intelligenten Helfer erst einmal in den Wohnzimmern eingenistet, wollen Menschen mit Hilfebedarf sicherlich auch das Essen auf Rädern über sie bestellen oder der Sozialstation Bescheid geben, dass sie am nächsten Tag etwas später kommen soll, weil eine Freundin zu Besuch kommt. Auch der Hausnotruf wird selbstverständlich über sie organisiert. Junge Start-up-Unternehmen haben sich dazu bereits in Position gebracht.

Das Prinzip der großen Player auf den digitalen Märkten ist aus dem elektronischen Einkauf bekannt: Wer ambulante Pflege gebucht hat, der könnte sich auch für Inkontinenzartikel, eine Haushaltshilfe oder Wohnberatung interessieren. Die Anbieter kombinieren schon heute gekonnt alle ihnen verfügbaren Daten, um ihren Kunden die Wünsche von den Augen abzulesen. Es kann noch einen Schritt weitergehen: Werten Google & Co alle ihnen zugänglichen Daten wie Suchverhalten im Web, Mailverkehr, Einkaufsverhalten, Geotracking von Smartphones und Postings in Sozialen Netzwerken aus, so können sie künftig Hilfebedarfe vermutlich recht präzise voraussagen: familiäre oder Schulprobleme, Sucht, Suizidgefahr oder beginnende Demenz können schon in naher Zukunft mit Methoden aus der Welt von Big Data und Künstlicher Intelligenz wahrscheinlich recht präzise diagnostiziert werden. Big Brother lässt grüßen und die Rechnung für die Vermittlung von Hilfsangeboten wird natürlich nicht den Hilfsbedürftigen, sondern Caritas, Diakonie & Co präsentiert. Die klassischen Sozialdienstleister werden zugleich immer weniger über den Gesamtbedarf ihrer Klienten erfahren, weil diese sich ihren Hilfemix über Portale außerhalb der Wohlfahrtspflege zusammenstellen und die Caritas nur den Auftrag für Tagespflege und die AWO den zur Frühförderung bekommt. Zudem werden die Plattformanbieter auch in diesen Märkten versuchen, ihre Wertschöpfungstiefe zu steigern und selbst hybride – also gemischt digital-menschliche – oder rein digitale Sozialdienstleistungen anzubieten. Ansätze dafür könnten etwa der Hausnotruf oder roboterbasierte Assistenzleistungen sein.

3.2 Digitale Produkte

Die Entwicklung technischer Assistenzsysteme für Menschen im Alter oder mit Behinderungen wurde in den letzten zwei Jahrzehnten mit Millionenbeträgen aus öffentlichen Forschungsfonds gefördert. Die meisten Forschungen waren stark ingenieurwissenschaftlich getrieben und heraus kamen dabei meist technisch hochgerüstete, aber kaum bezahlbare oder sperrige Spezialprodukte, von denen sich bislang fast keines im Massenmarkt etablieren konnte. Mittlerweile sind dagegen ganz andere Entwicklungen beobachtbar: Standardprodukte aus der Welt der Mobiltechnologie wie Smartphone, Smartwatch und Tablet sind heute mit zahlreichen Funktionen ausgestattet und so einfach bedienbar, dass sie auch für Menschen mit starken motorischen oder kognitiven Einschränkungen sinnvoll nutzbar sind. Ergonomische Apps, Wischfunktion, Sprachsteuerung, Videokamera, GPS und verschiedene Sensoren machen sie zu Alleskönnern, die viele dieser Spezialentwicklungen ganz oder teilweise überflüssig machen. Weiterhin zeigt sich, dass insbesondere junge Start-up-Unternehmen andere technische Standardkomponenten wie Bewegungsmelder oder Infrarot-Sensoren geschickt mit intelligenter Software zu Smart-Home-Anwendungen kombinieren und für die Ausgabe oder Steuerung wiederum Mobil-Apps nutzen. So entstehen völlig neue, für den Massenmarkt taugliche Konfigurationen etwa für Kommunikation, Heizungs- und Lichtsteuerung, Sturzdetektion oder Hausnotruf. Sie haben im Unterschied zu den Artefakten aus der klassischen Forschung im Bereich Ambient Assisted Living (AAL) das Potenzial, Geschäftsmodelle aus dem Bereich der Sozialdienstleistungen grundlegend zu verändern. Sie sind preisgünstig, autonomiefördernd und konsequent kundenorientiert konzipiert. Hinzu kommt, dass diesen Produkten im Gegensatz etwa zum klassischen Hausnotrufsystem nicht der Makel der Hilfsbedürftigkeit anlastet. Im Gegenteil: Ihre Nutzung gilt als schick und modern. Darüber hinaus bringen sie oft noch viele attraktive Zusatzfunktionen wie Spiele oder Fotoalben mit.

Auch auf diesem Feld wird die Entwicklung nicht stehen bleiben. Neue Produkte aus dem Bereich der Wearables, also direkt am Körper oder in der Kleidung befestigte Mini-Computer mit Internetverbindung, werden neue Anwendungsfelder eröffnen. Brillen mit integriertem Bildschirm können etwa Pflegekräften oder pflegenden Angehörigen wichtige Patienten- oder Fachinformationen einblenden, Activity Tracker liefern Vitalwerte oder in die Kleidung integrierte GPS-Sensoren lassen verirrte Menschen mit Demenz leicht wieder auffinden (vgl. Kunze 2018 und Halfar 2018).

3.3 Künstliche Intelligenz und Robotik

Die Erforschung der Künstlichen Intelligenz (KI) begann bereits in den 1960er Jahren mit der Vision, binnen kurzer Zeit mit Computern das Niveau umfassender menschlicher Intelligenz zu erreichen oder zu überflügeln (vgl. exemplarisch Weizenbaum 1993). Angesichts der damals verfügbaren theoretischen Grundlagen und Technologien, stellte sich diese Vision bald als unerreichbar heraus und die KI-Forschung verschwand in der Versenkung. Neuen Schwung erhielt sie erst wieder um das Jahr 2010, als die softwaretechnische Abbildung neuronaler Netze, verbunden mit dem Zugriff auf hochleistungsfähige Hardware, deutliche Fortschritte machte. Heute wird pragmatisch zwischen „starker" und „schwacher" KI unterschieden: Die „starke" KI spiegelt die Vision aus der Anfangszeit wider, während die „schwache" KI nicht die Nachbildung eines menschenähnlichen Bewusstseins anstrebt, sondern sich auf begrenzte Anwendungsgebiete konzentriert. Zentral Eigenschaften solcher KI-Systeme sind die Selbstlernfähigkeit sowie die Möglichkeit, mit unbekannten Faktoren im jeweiligen Handlungskontext umzugehen.

Während sich die meisten Experten heute darin einig sind, dass bis zur Erreichung der Vision der „starken" KI noch einige Jahrzehnte vergehen werden, macht die „schwache" KI derzeit rasante Fortschritte und ist auf zahlreichen Gebieten schon im praktischen Einsatz. Viele davon gehören bereits zu täglichen Nutzungsformen von IT, ohne dass den Nutzern unbedingt bewusst ist, dass Künstliche Intelligenz dahinter steckt: Spracherkennungssysteme in Smartphones wie Siri oder Cortana, Online-Übersetzungstools wie der Google Translator oder das automatische zuordnen von Fotos zu Kategorien („Tagging") in verschiedenen Online-Fotogalerien gehören dazu.

Anwendungen Künstlicher Intelligenz sind auf dem heutigen Stand der Technik auch im Kontext sozialer Dienstleistungen denkbar: Die Suche nach und Aufbereitung von sozialrechtlichen Entscheidungen für die Beratung von Klienten, die Auswertung einer umfassenden Betreuungsdokumentation zur Begründung für einen Antrag auf Höherstufung oder die Vorauswahl von Führungskräften oder Mitarbeitern gehören dazu.

Im Bereich der Robotik kann unterschieden werden zwischen Industrierobotern, Servicerobotern und humanoiden Robotern bzw. solchen, die das Verhalten von Tieren nachahmen. Industrieroboter sind zumeist fest installierte und auf ein begrenztes Aufgabenspektrum in der Fertigung hin optimierte Geräte. Sie sind jedoch durch Software flexibel steuerbar und dazu in der Lage, mit Hilfe von Sensoren Informationen aus der Umwelt aufzunehmen und die Aufgabenausführungen in Grenzen selbst zu variieren. Serviceroboter sind dagegen mobile Geräte, die Dienstleistungen für Menschen erbringen und dazu in der Lage sind, autonom in veränderlichen räumlichen Umgebungen zu navigieren, Hindernissen auszuweichen und eigenständig bestimmte Orte wie die Ladestation aufzusuchen. Ihr Einsatzgebiet ist vielfältig und reicht von einfachen Reinigungs- und Mäharbeiten bis hin zu Hol- und Bringdiensten in komplexen Gebäudestrukturen.

Das Feld der humanoiden Robotik ist heute stark mit der oben beschriebenen Entwicklung im Bereich der (starken) Künstlichen Intelligenz verknüpft, da sich diese Maschinen im räumlichen und kommunikativen Umfeld von Menschen bewegen sollen und die dort auftretenden Herausforderungen nicht durch starre Programmierung oder Informationszugriffe auf klassische Datenbanken lösbar sind. Hinzu kommen Herausforderungen aus dem Bereich der Sensorik und Motorik bei der Fortbewegung oder dem Greifen von Gegenständen. Obwohl die Fortschritte in der Entwicklung rasant sind, hat bislang kaum ein Roboter umfassende Marktreife erreicht, viele spezialisieren sich noch auf bestimmte motorische oder kommunikativ-soziale Fähigkeiten. Getrieben werden die Entwicklungen aus dem militärischen Sektor sowie aus der industriellen und der universitären Forschung. Künftige Einsatzfelder in der Sozialwirtschaft sind vielfältig und können die Unterstützung der Pflege, die Assistenz für Menschen mit körperlichen Behinderungen oder die kommunikative Begleitung sein.

Tierähnliche Roboter sind im Vergleich zu humanoiden Robotern zumeist weniger komplex und werden schon heute für therapeutische Zwecke eingesetzt. Basierend auf Erkenntnissen aus der tiergestützten Therapie, ahmen sie als positiv empfundene Elemente tierischen Verhaltens nach und ermöglichen so – zumeist eingebunden in eine zwischenmenschliche Interaktion – den Zugang zu Menschen mit Erkrankungen wie Demenz oder Autismus. Bekanntestes Beispiel derzeit ist das Robbenbaby Paro (parorobots.com), das bereits in zahlreichen Pflegeeinrichtungen eingesetzt wird.

4. Handlungsansätze

„Nah am Menschen" – so oder ähnlich lautet ein zentrales Versprechen vieler Verbände oder Träger der Wohlfahrtspflege seit ihren Gründungszeiten, das sich in verschiedenen Varianten in Logos und Slogans widerspiegelt. Die Branche nimmt damit als „Dritter Sektor" für sich in Anspruch, einen besseren Draht zu Menschen mit einem wie immer gearteten Unterstützungsbedarf zu haben, als Staat und gewerbliche Wirtschaft dies vermögen. Um dieses Versprechen einzulösen, muss die Sozialwirtschaft in den Lebenswelten präsent sein, in denen sich diese Menschen bewegen. Lag der Fokus bislang auf klassischen Sozialräumen (vgl. exemplarisch Budde 2006), so kommen im 21. Jahrhundert vermehrt „Datenräume" oder digitale Lebenswelten hinzu. Die Herausforderung für die Anbieter sozialer Dienste besteht nun darin, dass die Kanäle in die klassischen Sozialräume ja nicht einfach „abgeschaltet" werden können, die neuen jedoch hinzukommen. Noch lange Zeit wird es insbesondere unter den Adressaten sozialer Dienste neben den „Digital Natives" und den „Digital Immigrants" auch die „Offliner" geben und auch digital affine Menschen handeln in einer realen Umgebung. Klar ist aber auch, dass insbesondere die Generation der „Digital Natives", aber auch ein guter Teil der „Immigrants" mittlerweile viele ihrer Lebensbezüge digital organisiert. Dazu gehören immer mehr auch solche, die in den Bereich sozialer Dienstleistungen oder des bürgerschaftlichen Engagements fallen und damit soziale Organisationen im Kern berühren. Exemplarisch dafür können etwa die Suche nach Kita- oder Pflegeplätzen auf Portalen, Information über die Qualität von Arbeitgebern bei Jobnetzwerken oder spontan über Soziale Netze selbstorganisierte Hilfsaktionen für geflüchtete Menschen genannt werden, für die sich bislang ausschließlich die klassischen Hilfsorganisationen für zuständig erklärt haben. Die Sozialwirtschaft muss demnach zusehen, dass sie sich nicht aus der digitalen Mitte der Gesellschaft verabschiedet, weil sie die entsprechenden Kulturtechniken nicht beherrscht und die Kommunikationskanäle dieser Menschen nicht bedient.

Bei der Suche nach konkreten Handlungsansätzen zur Gestaltung des digitalen Wandels schwingt immer auch die Frage mit, von welchen Akteuren in der Sozialwirtschaft diese praktisch leistbar sind. Während große Komplexträger mit oft mehreren tausend Mitarbeitern über entsprechende Ressourcen verfügen oder diese aufbauen können, sehen sich kleinere Einrichtungen und Dienste schnell überfordert. Sie verfügen weder über die notwendige IT- und Kommunikationsexpertise noch über Stabsabteilungen für Strategie- oder Qualitätsentwicklung, die hier unterstützend oder treibend tätig werden könnten. Auch die finanziellen Spielräume für Projekte sind oft eng begrenzt. Hier müssen es sich die Spitzenverbände auf Bundes-, Landes-, Diözesan- oder Bezirksebene zur Aufgabe machen, die kleineren Träger auf dem Weg in die Digitalisierung zu unterstützen. Dies ist einerseits eine klassische Querschnittsaufgabe, die in den verschiedenen Fachreferaten für Alten-, Behinderten- oder Familienhilfe verankert und von dort in die Einrichtungen getragen werden muss. Andererseits sind jedoch auch viele Fachreferenten noch wenig mit der Thematik vertraut, sodass zunächst wohl neue Kapazitäten benötigt werden, die den Aufbau von Know-how auf verschiedenen Ebenen vorantreiben können. Doch die Verbände werden dieses umfängliche Thema nicht komplett in Eigenregie stemmen können. Gefragt ist hier sicherlich die politische Ebene. Während der digitale Wandel in der Wirtschaft unter dem Stichwort „Industrie 4.0" mit Millionenbeträgen gefördert wird, ist die Sozialwirtschaft bislang weitgehend außen vor, hat aber bis in jüngste Zeit auch kaum Unterstützungsbedarf artikuliert. Einen ersten Ansatz stellt nun die gemeinsam von der Bundesarbeitsgemeinschaft der Freien Wohlfahrtspflege (BAGFW) und dem Bundesministerium für Familie, Senioren, Frauen und Jugend (BMFSFJ) formulierte Absichtserklärung zur digitalen Transformation dar (vgl. BAGFW 2017).

Unabhängig ob Verband oder Einrichtung, groß oder klein, ist der digitale Wandel fraglos ein strategisches Thema. Daher gilt es zunächst, auf Basis einer gründlichen Ist-Analyse der eigenen Stärken und Schwächen eine Digitalisierungsstrategie zu entwickeln, die in die Unternehmensstrategie eingebunden werden muss (vgl. Kopf und Schmolze-Krahn 2018 und Faiß 2018).

Schon bei der Ist-Analyse wird man häufig auf sehr grundlegende Themen stoßen, denn Basis jedes Digitalisierungsansatzes ist ein gewisser *Reifegrad im Bereich der Informationstechnologie*. Das betrifft die technische Ausstattung und – noch wichtiger – das Management der IT und seine Einbindung in die strategische Planung und die Gestaltung von Geschäftsprozessen. Nicht zu vergessen sind hier auch Datenschutz und IT-Sicherheit. Gerade kleinere Einrichtungen haben bei diesen Themen vielfach immensen Nachholbedarf, doch auch viele große Träger haben noch kein professionelles Niveau erreicht. So hat etwa ein Viertel der im IT-Report für die Sozialwirtschaft (vgl. Kreidenweis und Wolff 2016: 27 f.) untersuchten Organisationen keine ausgewiesene IT-Leitungsposition und nur die Hälfte verfügt über eine eigene Stelle dafür. Entsprechend gelingt es den Organisationen seit vielen Jahren nur bruchstückhaft, Ziele wie die Steigerung der fachlichen Qualität oder der Effizienz von Arbeitsabläufen mit Hilfe des Einsatzes von IT zu erreichen (vgl. Kreidenweis und Halfar 2015: 14 ff.) oder die Potenziale der IT in Bereichen wie Dienst- und Einsatzplanung oder Hilfeplanung und Dokumentation auszuschöpfen. Besonders negativ schneiden hier Organisationen mit weniger als 100 Mitarbeitern ab (vgl. a. a. O.: 18 f).

Ein weiteres Basisthema ist die *Reife des Managements von Geschäftsprozessen*, denn digitale Geschäftsmodelle sind in aller Regel stark prozessgetrieben und leben von einer agilen, radikal kundenfokussierten Gestaltung der Abläufe im Unternehmen (vgl. Eisenreich und Ufer 2018). Hier stellt sich konkret die Frage, wie gut die Organisationen ihre Prozesse kennen und ob diese unter optimalem Einsatz von IT effizient gestaltet sind. Zwar betreiben viele Organisationen mittlerweile ein Qualitätsmanagement, das viele Prozesse dokumentiert, doch ist dieses häufig von der Zertifizierungslogik dominiert, von den Fachkräften wenig akzeptiert und ohne expliziten Fokus auf Effizienz und IT-Nutzung gestaltet (vgl. Faiß und Kreidenweis 2016: 38 f.). Das Geschäftsprozessmanagement kann daher als Weiterentwicklung des Qualitätsmanagements betrachtet werden, das die Prozessgestaltung als strategisches Wertschöpfungsthema begreift, von den Bedarfen der internen und externen Kunden her denkt und den IT-Einsatz als integralen Bestandteil einer aktiven Optimierung betrachtet (vgl. a. a. O.: 18 ff.). Auch hier zeigt die Praxis noch großen Entwicklungsbedarf: Prozesse sind vielfach wenig standardisiert oder definierte Standards werden nicht eingehalten, sie enthalten zahlreiche Medienbrüche, Doppelerfassungen, Rückfragen und andere nicht wertschöpfende Tätigkeiten und sind selten durchgängig in IT-Systemen abgebildet (vgl. Kreidenweis 2015).

Entscheidende Fortschritte auf den Feldern IT und Prozessmanagement sind nur möglich, wenn beide Themen zusammengedacht und als strategische Führungsthemen im Rahmen einer *Digitalisierungsstrategie* begriffen werden. Auch hier werden insbesondere kleinere Träger massive Unterstützung seitens der Spitzenverbände benötigen. Zum einen ist es ihnen kaum möglich, eine auf die Digitalisierung vorbereitete, professionelle IT-Landschaft selbst wirtschaftlich zu betreiben. Daher müssen die Verbände den Einrichtungen Betriebsmodelle mit flexiblen IT-Warenkörben anbieten, die deren Bedarfe an Software, Hardware, Netzwerktechnik, Service und Beratung vollständig abdecken. Zum anderen brauchen Sie Knowhow und Beratung, um zunächst ihre bereits vorhandenen Geschäftsprozesse auf den Prüfstand zu stellen, sie effizienter zu gestalten und besser auf die Kundenbedarfe auszurichten.

Wenn diese beiden Themen zumindest angegangen sind, dann ist es möglich, neue digitale Elemente in vorhandene Geschäftsprozesse zu integrieren. Das kann beispielsweise auf Ebene der Adressaten eine webbasierte Terminbuchung sein, die freie Termine in Echtzeit anzeigt und Buchungen automatisch in die Kalender der Berater übernimmt. Auf Mitarbeiterseite wäre es etwa ein digitaler Prozess zur Beantragung und Genehmigung von Urlaub, für Krankmeldungen oder die Abrechnung von Reisekosten. Bei der Umsetzung solcher vermeintlich kleinen Aufgaben entstehen wichtige Lerneffekte für die Organisation: Welche organisatorischen und technischen Vorbereitungen sind nötig? Wie kann die Mitarbeiterakzeptanz gesichert werden? Wie lassen sich Erfolge messen und wie gemachte Erfahrungen auf Folgeprojekte übertragen?

Auf diesem Erfahrungshintergrund kann daran gedacht werden, auch komplexere Prozesse wie die Klientenaufnahme oder die Hilfeplanung auf den digitalen Prüfstand zu stellen. Manchmal wird man dabei auch zur Erkenntnis gelangen, dass es wenig Nutzen stiftet, die vorhandenen Prozesse zu optimieren, sondern es sich als notwendig erweist, Abläufe und dahinter liegende Strukturen disruptiv neu zu denken. Ein Beispiel dafür kann der Anfrage- oder Erstkontaktprozess von Klienten in einer Altenhilfe-Einrichtung mit ambulanten, teilstationären und stationären Angeboten sein. Häufig wird dieser Prozess intern und in der Außendarstellung noch in versäulten institutionellen Strukturen gedacht. Prospekte und Website listen jeweils Kontaktdaten der einzelnen Einrichtungen auf, an die sich der Interessent wenden kann. Operativ kann man nun auch diese Kontaktaufnahme etwa durch webbasierte Kontaktformulare digital optimieren. Denkt man diesen Prozess jedoch radikal vom Kunden her, so ist diese institutionelle Sicht kontraproduktiv. Der Kunde steht in der Regel in einer Situation, in der er dringend pflegerische Unterstützung benötigt und nicht weiß, ob er nun das Pflegeheim St. Hildegard, die Sozialstation Stadtmitte oder die Tagespflege Sonnenschein kontaktieren soll. Ein kundenorientierter Prozess würde einen einzigen Kontaktpunkt („single point of contact") anbieten, der auch abends und am Wochenende per Webformular, Chat, Skype, Telefon und Mail erreichbar ist und zunächst Beratung dazu bietet, welche Hilfeform in der gegebenen Situation überhaupt sinnvoll ist.

Werden neue Hilfsangebote entwickelt, ist es wichtig, den digitalen Wandel schon in der Konzeptionsphase mitzudenken. Dies betrifft alle Bereiche von der Gebäude-Infrastruktur (z. B. Netzverfügbarkeit am Standort und W-LAN-Zugänge) über die Personalstruktur bis hin zur Nutzung geeigneter Branchensoftware, die etwa eine digitale Klientenkommunikation unterstützt. Insbesondere hier erweist sich Know-how im Prozessmanagement als sinnvoll, denn die zentralen Prozesse sollten möglichst vor Aufnahme der Arbeit mit explizitem Fokus auf Kundenorientierung und Digitalisierung modelliert werden.

Digitalisierung bedeutet vielfach auch, viel stärker als bisher in *Netzwerkstrukturen* zu denken. Dies betrifft zum einen die Zusammenarbeit mit Institutionen, die ergänzende Hilfen bieten, zum anderen aber auch die Öffnung gegenüber Hochschulen, Start-up-Unternehmen oder anderen Akteuren, mit denen innovative Geschäftsmodelle gemeinsam entwickelt, erprobt und eingeführt werden können.

Am oberen Ende dieser Skala von Schritten ist die Organisation mental und praktisch auch dazu in der Lage, stark digital getriebene Geschäftsmodelle zu realisieren, die aus heutiger Sicht vielleicht noch gar nicht denkbar sind.

Blickt man in die gewerbliche Wirtschaft (vgl. Wolff 2018), so zeigt sich, dass es zwar keine eindeutigen Erfolgsrezepte, wohl aber valide Anhaltspunkte für einen erfolgreichen Weg in die Digitalisierung gibt. Dazu gehört es auch, dass digitale Innovation nicht verordnet werden kann. Vielmehr gilt es, den Mitarbeitern Freiräume für die Entwicklung von Ideen zu gewähren, die Hierarchieebenen für solche Ideen durchlässig zu gestalten und Misserfolge als wertvolle Erfahrungen zu verbuchen. Auch werden Methoden wie *Design Thinking* benötigt (vgl. Hartmann 2018), die Kreativpotenziale und kundenfokussiertes Denken fördern. Denn meist packen die neuen digitalen Konkurrenten die Märkte von der Konsumentenseite an. Mit moderner Technik schaffen sie ein besseres Kundenerlebnis – was angesichts der aktuellen digitalen Präsenz der Wohlfahrt keine große Kunst ist – und verschaffen sich so binnen kürzester Zeit wertvolles Wissen um Marktstrukturen und den Zugang zu den Kunden.

Letztlich wird auf dem Weg zur Digitalisierung der Sozialwirtschaft wohl eine „Bottom-up getriebene Top-down-Strategie", also ein Mix aus strategischer Zielsetzung und Steuerung auf der einen Seite und praktischem Tun, Experimentieren, Scheitern und Neuanfangen auf der anderen Seite und beides verknüpft mit einem langen Atem die gewünschten Erfolge bringen. Dennoch: Das Zeitfenster für die digitale Transformation ist nicht unbegrenzt lange offen, kommerzielle und internationale Wettbewerber haben sich längst auf den Weg gemacht, um sich in die Wertschöpfungsketten einzuklinken und entscheidende Kundenschnittstellen zu besetzen.

Die Digitalisierung ist keine vorübergehende Modeerscheinung, sie lässt sich nicht einfach weghoffen. „Insgesamt wird die Innovationsfähigkeit der Freien Wohlfahrtspflege auf den Prüfstand gestellt und hinterfragt. Die Zeiten wohlgefälligen Ausruhens auf den Lorbeeren bisheriger Erfolge sind vorbei." (Timm 2017: 4) Der digitale Wandel wird die Gesellschaft und damit auch die Sozialwirtschaft also entscheidend prägen. Für den Prozess des Wandels in ihren Organisationen benötigen Führungskräfte dringend Digitalkompetenz. Die Beiträge in diesem Band sollen wichtige Informationen dazu liefern und Leitungs- oder Fachkräfte ermutigen, die ersten Schritte zu gehen.

Literatur

BAGFW (2017): Digitale Transformation und gesellschaftlicher Zusammenhalt – Organisationsentwicklung der Freien Wohlfahrtspflege unter den Vorzeichen der Digitalisierung. Online unter: bagfw.de/veroeffentlichungen/stellungnahme npositionen/detail/article/digitale-transformation-und-gesellschaftlicher-zusamm enhalt-organisationsentwicklung-der-freien. Abruf: 27.10.2017.

Budde, Wolfgang (Hrsg.) (2006): Sozialraumorientierung. Wege zu einer veränderten Praxis. Springer, Wiesbaden.

Dahme, Heinz-Jürgen; Kühnlein, Gertrud und Wohlfahrt, Norbert (2005): Zwischen Wettbewerb und Subsidiarität. Wohlfahrtsverbände unterwegs in die Sozialwirtschaft (Forschung aus der Hans-Böckler-Stiftung, Transformationen im Wohlfahrtsstaat, Bd. 61). Edition sigma, Berlin.

DIVSI (2016): Internet-Milieus 2016. Die digitalisierte Gesellschaft in Bewegung. Online unter: divsi.de/wp-content/uploads/2016/06/DIVSI-Internet-Milieus-2016 .pdf. Abruf: 20.06.2017.

Dopheide, Christian (2017): Zur Digitalisierung des Sozialen. Ethische und ökonomische Reflexionen. Nomos Verlagsgesellschaft, Baden-Baden.

Eisenreich, Thomas und Ufer, Uwe (2018): Digitale Geschäftsmodelle gestalten. In: Kreidenweis, Helmut (Hrsg.): Digitaler Wandel in der Sozialwirtschaft. Grundlagen – Strategien – Praxis. Nomos Verlagsgesellschaft, Baden-Baden, S. 117–130.

Faiß, Peter (2018): Digitalisierungsstrategien für Verbände und Komplexträger entwickeln. In: Kreidenweis, Helmut (Hrsg.): Digitaler Wandel in der Sozialwirtschaft. Grundlagen – Strategien – Praxis. Nomos Verlagsgesellschaft, Baden-Baden, S. 103–116.

Faiß, Peter und Kreidenweis, Helmut (2016): Geschäftsprozessmanagement in sozialen Organisationen. Nomos Verlagsgesellschaft, Baden-Baden.

FINSOZ e.V. (2017): Positionspapier Digitalisierung der Sozialwirtschaft. Online unter: finsoz.de/sites/default/files/pressemeldungen/finsozev_positionspapier-dig italisierung-2.auflage.pdf. Abruf: 27.10.2017.

Gorgs, Claus (2016): Fahrt ins Grüne. In: Manager Magazin 12 (2016), S. 106–110.

Halfar, Bernd (2018): Internet der Dinge: Sendung ohne Mouse. In: Kreidenweis, Helmut (Hrsg.): Digitaler Wandel in der Sozialwirtschaft. Grundlagen – Strategien – Praxis. Nomos Verlagsgesellschaft, Baden-Baden, S. 177–192.

Hartmann, Christian (2018): Digitale Dienstleistungen entwickeln – Innovationskultur mit neuen Methoden fördern. In: Kreidenweis, Helmut (Hrsg.): Digitaler Wandel in der Sozialwirtschaft. Grundlagen – Strategien – Praxis. Nomos Verlagsgesellschaft, Baden-Baden, S. 131–142.

Klug, Wolfgang (1997): Wohlfahrtsverbände zwischen Markt, Staat und Selbsthilfe. Lambertus, Freiburg im Breisgau.

Kollmann, Tobias und Schmidt, Holger (2016): Deutschland 4.0. Wie die Digitale Transformation gelingt. Springer, Wiesbaden.

Kopf, Hartmut und Schmolze-Krahn, Raimund (2018): Zwischen Tradition und Digitalisierung – Unternehmenskulturen sozialer Organisationen im Wandel. In: Kreidenweis, Helmut (Hrsg.): Digitaler Wandel in der Sozialwirtschaft. Grundlagen – Strategien – Praxis. Nomos Verlagsgesellschaft, Baden-Baden, S. 81–102.

Kreidenweis, Helmut (2015): Branchensoftware: Prozesse verbessern, Wirkung steigern. In: Sozialwirtschaft 4 (2015), S. 20–23.

Kreidenweis, Helmut (Hrsg.) (2018): Digitaler Wandel in der Sozialwirtschaft. Grundlagen – Strategien – Praxis. Nomos Verlagsgesellschaft, Baden-Baden.

Kreidenweis, Helmut und Halfar, Bernd (2015): IT-Report für die Sozialwirtschaft 2015. Eichstätt: Katholische Universität Eichstätt-Ingolstadt.

Kreidenweis, Helmut und Wolff, Dietmar (2016): IT-Report für die Sozialwirtschaft 2016. Eichstätt: Katholische Universität Eichstätt-Ingolstadt.

Kunze, Christophe (2018): Technische Assistenzsysteme in der Sozialwirtschaft – aus der Forschung in die digitale Praxis? In: Kreidenweis, Helmut (Hrsg.): Digitaler Wandel in der Sozialwirtschaft. Grundlagen – Strategien – Praxis. Nomos Verlagsgesellschaft, Baden-Baden, S. 161–176.

Mack, Thomas (2018): Big Data: Chancen für die Sozialwirtschaft. In: Kreidenweis, Helmut (Hrsg.): Digitaler Wandel in der Sozialwirtschaft. Grundlagen – Strategien – Praxis. Nomos Verlagsgesellschaft, Baden-Baden, S. 213–221.

Süddeutsche Zeitung (2017): 04./05.03., S. 10.

Timm, Gerhard (2017): smart welfare – Chancen und Herausforderungen für die Wohlfahrtspflege. Online unter: bagfw.de/fileadmin/user_upload/2017.../Doku/Timm_Vortrag.pdf. Abruf: 26.10.2017.

Wagner, Daniel (2018): Soziale Medien: Brücke in die digitale Welt von Stakeholdern und Klienten? In: Kreidenweis, Helmut (Hrsg.): Digitaler Wandel in der Sozialwirtschaft. Grundlagen – Strategien – Praxis. Nomos Verlagsgesellschaft, Baden-Baden, S. 203–212.

Weizenbaum, Joseph (1993): Wer erfindet die Computermythen? Der Fortschritt in den großen Irrtum. Herder, Freiburg/Basel/Wien.

Wolff Dietmar (2018): Was kann die Sozialbranche aus der Wirtschaft lernen – was besser nicht? In: Kreidenweis, Helmut (Hrsg.): Digitaler Wandel in der Sozialwirtschaft. Grundlagen – Strategien – Praxis. Nomos Verlagsgesellschaft, Baden-Baden, S. 45–56.

Zwischen Tradition und Innovation
Wie Digitalisierung die Organisationskultur sozialer Unternehmen verändert: Ein Impuls zu mehr digitaler Fitness

Hartmut Kopf[1]

Die rasant, radikal und rigoros fortschreitende Digitalisierung verlangt nach einem Kulturwandel der auf Verlässlichkeit und Kontinuität ausgerichteten Sozialwirtschaft[2]. Dieser hat eine Reihe von Implikationen, die sich in folgenden Kernaussagen zusammenfassen lassen:

Führungskräfte müssen neue Wege der unternehmerischen Entwicklung, Implementierung und vor allem Risiko-Finanzierung von Innovationen finden.

Erfolgreiche digitale Transformation steht und fällt mit dem Entwickeln und Vorhandensein digital kompetenter Mitarbeitenden, die alle gemeinsam an der digital-agilen Unternehmenskultur mitarbeiten.

Diese Kultur wird die bisher eher starren vertikalen Organisationsstrukturen weiterentwickeln in flexiblere horizontale Netzwerke – ohne ganz auf neue Strukturen verzichten zu können.

Um Führungskräfte der Sozialwirtschaft fit für die eigene und die organisationale digitale Zukunft zu machen, braucht es eines Fitness- und Trainingsplans quer durch alle Hierarchien und quer zu allen Hierarchien.

1. Digitalisierung und Management – Wo steht die Sozialwirtschaft?

Manager in der Sozialwirtschaft scheinen trotz der rasanten Veränderungen in der Wirtschaft eine eher abwartende Position zu beziehen. Die Digitalisierung der Gesellschaft ist jedoch so rigoros, dass die Sozialwirtschaft aufgrund ihrer Zurückhaltung die Verbindung zu einem wachsenden Teil der Bevölkerung, der sich zu zunehmend digital entwickelt, verliert. Die-

---

1 *Dr. Hartmut Kopf* ist Honorarprofessor für Social Innovation an der Hochschule Bonn-Rhein-Sieg. E-Mail: hartmut.kopf@h-brs.de.
2 Der Beitrag ist Auszug des ausführlicheren Artikels „Zwischen Tradition und Digitalisierung. Unternehmenskulturen sozialer Organisationen im Wandel" (Kopf und Schmolze-Krahn 2018).

ser Teil der Bevölkerung umfasst Mitarbeiter, Kunden, Klienten und deren Angehörige. Das sind genau die Teile der Bevölkerung, die für die Sozialwirtschaft, für ihren gesellschaftlichen Auftrag und ihre Leistungserbringung wichtig sind.

Verglichen mit anderen Branchen ist die Sozialwirtschaft rund zehn Jahre hinterher. Laut aktuellem Monitor-Report „Wirtschaft DIGITAL 2017" von TNS Infratest ist das bundesdeutsche Gesundheitswesen verglichen mit anderen Branchen in Deutschland immer noch Schlusslicht im Digitalisierungsgrad, wobei festgehalten werden muss, dass innerhalb der Sozialwirtschaft das Gesundheitswesen mit Themen wie Gesundheit und Selbstständigkeit im Alter vor dem Hintergrund einer insgesamt alternden Gesellschaft sogar noch den höchsten Digitalisierungsgrad innehat: Konzerne wie Siemens oder die Deutsche Telekom haben das Thema e-Health für sich entdeckt. Sie suchen und finden in den großen Gesundheitskonzernen, wie z. B. der Agaplesion gAG bereits Partner, die vielbeachtete und beobachtete Vorreiter der Digitalisierung der Sozialwirtschaft sind.

Das Bewusstsein für die Bedeutung der Digitalisierung für die eigene Branche, das eigene Unternehmen, ist somit in der Sozialwirtschaft zwar bereits ansatzweise vorhanden, scheint aber weniger ausgeprägt als in der gewerblichen Wirtschaft (vgl. Transformationswerk Report 2016).

Um diese Einschätzung zu überprüfen, wurden im Mai und Juni 2016 in einer stichprobenartigen Blitzlichtstudie Entscheider aus 304 Nonprofit-Organisationen (nicht nur klassische Sozialwirtschaft) online befragt (vgl. Kopf 2016), in deren Mittelpunkt drei Themenbereiche standen:

1. Wie weit hat die digitale Transformation in der eigenen Organisation schon eingesetzt?
2. Welche Auswirkungen der Digitalisierung auf die Leistungserbringung von Nonprofits, ihre Kommunikation und Organisation werden bereits heute erkannt?
3. Wer ist in den Organisationen für das Thema Digitalisierung zuständig?

Die Blitzlichtstudie als branchenweit erste zeigte, dass das Thema zwar als relevant erkannt wird, die digitale Transformation aber noch in den Kinderschuhen steckt:

- 68 Prozent der Führungskräfte sehen das Thema Digitalisierung als besonders relevant oder relevant für den Nonprofit-Bereich, doch nur 9 Prozent sagen, dass das Thema in ihrer Organisation übergreifend adressiert wird.
- Digitalisierung wird neben den Geschäftsprozessen überwiegend als Kommunikationsthema verstanden und eingeordnet. Gleichwohl neh-

men Führungskräfte wahr, dass es damit nicht getan ist: 77 Prozent der Befragten stimmen der Aussage zu, dass Soziale Medien wie Facebook oder Twitter die Art der Kommunikation mit Unterstützern, Förderern und Freiwilligen verändert.

- 63 Prozent der Befragten glauben, dass eine aktive Präsenz in Sozialen Medien zu höheren Spendeneingängen führen kann, aber nur 14 Prozent geben an, dafür einer konkreten Strategie zu folgen.
- Nur 45 Prozent der Befragten fühlen sich hinreichend gerüstet für eine „Kommunikation auf Augenhöhe" in sozialen Medien. 93 Prozent derjenigen, die sich nicht hinreichend gerüstet fühlen, nennen mangelnde Kompetenz der Mitarbeiter, 88 Prozent fehlende finanzielle Mittel als Grund.
- 64 Prozent der Führungskräfte glauben, dass die Digitalisierung bereits heute zu konkurrierenden Nonprofit-Angeboten führt.
- 53 Prozent der Befragten glauben, dass auch die eigenen Leistungsangebote digital ergänzt oder optimiert werden können, doch nur 21 Prozent davon (11 Prozent der Gesamtstichprobe) sehen in ihrer Organisation die dafür notwendigen Kompetenzen.
- Auf die Frage, wer in ihren Organisationen zuständig für die digitale Transformation ist, nennen 76 Prozent der Befragten die IT-Abteilung als wichtigsten Treiber der Digitalisierung, gefolgt von 69 Prozent, die hier den Bereich Kommunikation/Marketing/Fundraising nennen. Werden sie jedoch gebeten, die möglichen zuständigen Bereiche in eine Reihenfolge zu bringen, dann sehen 91 Prozent die Verantwortung bei der Geschäftsführung.

Aus den Ergebnissen der Blitzlichtstudie können vier Thesen abgeleitet werden:

These 1: Digitalisierung führt zu neuen Marktteilnehmern.
These 2: Digitalisierung verändert bereits heute die Art, wie soziale Organisationen kommunizieren.
These 3: Digitalisierung verändert die Art, wie soziale Organisationen ihre Leistungserbringung umsetzen.
These 4: Digitalisierung verlangt organisatorischen Wandel im Sinne von „Transformationsmanagement des Digitalen".

Dieser Beitrag wird schwerpunktmäßig nur die vierte These näher diskutieren: Gerade beim „Projekt Digitalisierung" müssen Ressourcen rechtzeitig und richtig allokiert werden. Das bezieht sich sowohl auf das Personal als auch die Infrastruktur. Dabei gilt es, falsche IT-Entscheidungen möglichst zu vermeiden beziehungsweise unmittelbar zu korrigieren, wenn sie erkannt wurden. Aufgrund der schwer zu prognostizierenden technologischen Innovationen sind Irrtümer im Sinne von Lernerfahrung die Regel. Und genau für diese Lernerfahrungen oder unternehmerischer formuliert: Für das „Innovationskapital" haben sozialstaatlich finanzierte Geschäftsmodelle wie z. B. die duale Finanzierung stationärer Pflegeeinrichtungen nach SGB XI immer weniger Spielräume im Sinne eines Zuschlags für das Unternehmerrisiko. Da Risikokapital somit weder im operativen Bereich der Pflegesätze noch im Investitionsbereich für Unterkunft und Verpflegung hinreichend „eingepreist" werden kann, verbleibt nur noch der sogenannte „neutrale Bereich" der Spenden und sonstigen Erträge. Was die Frage der Finanzierung digitaler Innovationen für das Management nicht leichter macht.

Hinzu kommt: Wie meist in Veränderungsprozessen ist es der Faktor Mensch, der erfolgskritisch ist: Noch viel stärker als bei den in der Regel viel technikaffineren Mitarbeitern der klassischen Wirtschaft muss in der Sozialwirtschaft der Mensch mitgenommen und eingebunden werden.

Die zentrale Empfehlung lautet deshalb: Die Investition in Social Media/Social Intranet und insbesondere in die Entwicklung der „Digital Readiness" der Mitarbeitenden aller Hierarchiestufen und aller Arbeitsfelder ist *die* Investition in die eigene Zukunftsfähigkeit des Unternehmens.

2. Transformationsmanagement des Digitalen – Welche Fähigkeiten brauchen Führungskräfte?

Mit dem Begriff „Transformationsmanagement des Digitalen" soll der Tatsache Rechnung getragen werden, dass die *Digitalisierung* zwar „Chefsache" ist, da sie vom obersten *Management* aus entwickelt und gedacht werden muss. Sie kann aber nur dann erfolgreich und nachhaltig implementiert werden, wenn sie von allen Mitarbeitenden auf allen Ebenen in der täglichen Arbeitspraxis erlebt und gelebt wird. Gerade dies wird für die in den bereits beschriebenen pfadabhängigen Handlungsmustern agierende Sozialwirtschaft als „sozialstaatliche Erfüllungsgehilfin" zu einer permanenten *transformativen* Herausforderung hin zum „echten Unternehmertum".

Veränderung beginnt in Organisationen oft ganz oben im Veränderungswillen der Entscheider. Dieser mag aus der Not geboren sein, weil z. B. kein Personal mehr zu finden ist, das zu den gegebenen Bedingungen für die Organisation arbeiten will oder kann. Und Veränderung geht nur über und mit Menschen: Die einzelnen Mitglieder des Managements oder eine Ebene höher, des Aufsichtsgremiums, sollten eine digitale Grundkompetenz besitzen, zumindest eine belastbare Vorstellung der Auswirkungen der Digitalisierung auf den Einzelnen als Nutzer und Anwender.

Hier besteht in der Sozialwirtschaft eine besondere Sollbruchstelle: Je etablierter ein Unternehmen ist und je ehrenamtlicher im Sinne geringer fachlicher Qualifikation zur Ausübung des Aufsichtsmandates, desto weiter ist oft der kulturelle Abstand zur Welt des Digitalen.

Bevor Entscheider sich auf den Weg der Digitalisierung ihrer Organisation aufmachen und in gewohnten Mustern z. B. eine neuen Stabsstelle einrichten, deren Aufgabe es sein soll, die Digitalisierung von oben nach unten „durchzustechen", sollte sich jeder mit Führungsverantwortung zuerst selbst eine Reihe von Fragen zur aktuellen Entwicklungsfähigkeit der eigenen Person und Organisation stellen: Wie gehen die Beschäftigten in ihren verschiedenen Funktionen und Hierarchieebenen, die verschiedenen Fachabteilungen – insbesondere IT und Organisationsentwicklung – mit dem Thema Digitalisierung um, wie geht die Organisation mit Unplanbarkeit und Unsicherheit um? Gibt es einfache Rezepte im Sinne von „Zehn Strategien im Umgang mit Unsicherheit" (Epe 2017a)? Die nachfolgende Abbildung 1 skizziert, über welches Kompetenzprofil digitale Innovationstreiber verfügen sollten.

Treiber der digitalen Transformation in der Sozialwirtschaft ...

... verstehen Digitalisierung und ihre Auswirkungen mehrdimensional.

... kennen die wichtigsten Innovations- und Managementmethoden (Business Model Canvas, Design Thinking, Human Centered Design, Lean Management, Agiles Management).

... wissen um die Besonderheiten der (digitalen) Start-up-Kultur (Vernetztes Denken, Interdisziplinarität, Lernbereitschaft, Flexibilität, Agilität, Spontaneität, Risikobereitschaft).

... denken bei Innovations- und Investitionskosten unternehmerisch.

... verschaffen sich den Überblick über funktionierende digitale Geschäftsprozesse und -modelle.

... erarbeiten sich eine eigene Position zu Fragen der Datensicherheit.

... beherrschen die branchenüblichen digitalen Technologieanwendungen (z. B. Fachsoftware für Hilfeplanung und Dokumentation, Einsatzplanung usw.).

Abb. 1: Kompetenzprofil digitaler Transformationstreiber (eigene Darstellung)

Bei jedem Projekt kommt (meistens erst gegen Ende) im Management die Frage der Implementierung in den laufenden Betrieb auf. Wenn Führungskräfte sich die Frage stellen, wie sie die Digitalisierung in die eigene Organisation bringen können, machen sie einen entscheidenden Denkfehler: Die Digitalisierung ist längst in ihrer Organisation angekommen.

Kunden und Mitarbeitende der Organisation sind längst digitalisiert und nutzen digitale Medien, ob es nun den Richtlinien der Organisation entspricht oder nicht. Folgende Fragen müssen also bereits viel früher, zum Projektstart gestellt werden: Wie kanalisiere ich bestehende digitale Elemente und Kompetenzen und schaffe so Räume für die Entwicklung ganz neuer digitaler Anwendungen? Auf welche nutzergewohnte Anwendungen können wir bereits zurückgreifen? Bestehende Elemente sind heute häufig die Sozialen Medien und digitalen Nachrichtendienste. Diese können auch vom Management genutzt werden. Als Führungskraft ist es in diesem Rahmen zentral, die eigene Rolle im Prozess als Gestalter, Ermöglicher oder Kommunikator zu verstehen. Dabei gilt es einzuschätzen, was steuerbar ist und was nicht. Mit Blick auf die Mitarbeiter ist es relevant zu analysieren, wer Unterstützung bei der Digitalisierung benötigt bzw. wer sogar unterstützen kann. Ferner sind die durch die Digitalisierung hervorgebrachten besonderen Kundenanforderungen (z. B. Pflege „on demand") in den Blick zu nehmen und die erforderlichen Anpassungen der Organisationsstruktur zu erfassen.

3. Agile Kulturentwicklung – Welche Fähigkeiten und Instrumente braucht die Organisation?

Vieles, was zu den klassischen Themen des Strategischen Managements (Strategieentwicklung, Innovationsmanagement, Führung und Organisationsentwicklung) für die Sozialwirtschaft bereits seit Jahren in Ausbildungsgängen, Büchern und Management-Seminaren angeboten wird, kann und soll als Methoden-Instrumentarium weiterverwendet werden. Allerdings mit dem für die Digitalisierung dreifachen fundamentalen Unterschied: radikaler, rasanter und rigoroser. Aufseiten der Unternehmen ist somit eine permanent erhöhte *Agilität* erforderlich.

Agile Methoden, einst aus der Software-Entwicklung entstanden, können und werden ebenfalls bereits im Umfeld der Sozialwirtschaft erfolgreich vermittelt und gelernt (vgl. Hofert 2017). Doch das bloße Anwenden reiner Techniken führt noch zu keinem nachhaltigen Erfolg. Und das bloß aufgesetzte Nacheifern des neuen „Management-Hypes" führt erst recht nicht weiter (vgl. Seitz 2017).

Mit der Digitalisierung wird der klassisch-lineare Weg, Projekte anzugehen (Planen – Umsetzen – Kontrollieren – Bewerten) verlassen. Ebenso wie die bisherige strukturelle Praxis, neu aufkommende Querschnittsaufgaben zuerst weit oben und nah am Management als Stabsstelle einzurichten, in Zeiten vernetzter Schwarmintelligenz obsolet wird. Es geht um das alltagspraktische Leben und Erleben *agiler Werte* wie Selbstorganisation, flache, zumindest durchlässige Hierarchien, geringe Arbeitsteilung in autonome Teams (vgl. Epe 2017) und damit um ein anderes Führungsverständnis und andere, oft digital gestützte Netzwerkstrukturen der Organisation.

Christian Seelos brachte es auf dem Kongress des Bundesverbandes evangelische Behindertenhilfe im Mai 2017 auf den Punkt:[3] „Der Innovationsprozess ist in erster Linie ein Lernprozess" (o. V. 2017). Agile Organisationen schöpfen aus ihren Routinen so viel Energie, dass sie laufend Veränderungen vorantreiben. Organisationen sollten, so seine Empfehlung, eine „Grundfitness für Agilität" aufbauen. Fitte Organisationen brauchen nicht so viel Zeit für Veränderungen, weil sie nicht mehr so viele Probleme mit sich herumschleppen. Dadurch haben sie im Laufe der Zeit Ideen, die sich besser umsetzen lassen.

Um als Führungskraft zu wissen, wie „Grundfitness in Agilität" im eigenen Unternehmen entstehen kann, muss der Kern des *Agilen* verstanden werden:

> Agiles Management bietet Methoden, Tools und Herangehensweisen, die Teams und Organisationen befähigen, unter hochkomplexen Bedingungen flexibel, anpassungsfähig und schnell agieren zu können. Die sinnvolle Zusammenarbeit aller Beteiligten, vom Mitarbeitenden über den Nutzer bis zum Vorstand, steht vor dem Befolgen vorgegebener Prozesse. Ziel agilen Managements ist es, einen möglichst hohen Nutzen für alle Beteiligten zu stiften. Die Struktur einer im Gesamten agilen Organisation gleicht im Gegensatz zur Pyramide klassischer Organisationen vielmehr einem Netzwerk unterschiedlicher Teams, die selbstorganisiert zusammenarbeiten. (Epe 2017: 32)

Hendrik Epe (2016) skizziert prägnant die drei wichtigsten Lernprozess-Felder im Seelos'schen Sinn, die nach Einschätzung der Autoren zur Entwicklung einer agil-neugierigen Lernkultur notwendig sind:

---

3 Christian Seelos, gilt als international ausgewiesener Experte für Social Innovation und Professor für Business Model Innovation an der Universität Leuven.

Lernfeld Mitarbeiterzentrierung

Anders als die heutigen Entscheider beruflich sozialisiert wurden, durchgehend noch aus der Babyboomer-Generation der „zu Vielen" stammend, prägt das Prinzip der *Freiwilligkeit* die Grundhaltung der heutigen „Generation Y oder Why" der „zu Wenigen": Gute Fachkräfte – nicht nur in der Sozialwirtschaft – sind rar, sie kommen und gehen, wann und wie und wohin sie wollen. Hier ist lediglich „ansagende" Führung von oben wenig hilfreich, um sie dauerhaft an das eigene Unternehmen zu binden. Eher muss sich agiles Management als „Enabler", als Freiraum-Schaffende für das rare Gut der Mitarbeitenden mit deren zentralem Wunsch nach hochmotivierenden und selbstbestimmten Arbeitsinhalten definieren. Wer noch den Leitspruch der Diakonissen im Ohr hat („Mein Lohn ist, dass ich darf."), der erahnt, wie weit der Weg mancher in ihrer Tradition verhafteten sozialwirtschaftlichen Unternehmung noch sein kann.

Ein zweiter Aspekt im Lernfeld Mitarbeitende ist, dass sich das Nutzerverhalten gerade der jüngeren Beschäftigten der Sozialwirtschaft im Bereich Social Media stark verändert hat. Allerdings zeigt sich auch bei ihnen mitunter eine überraschend klare und strikte Trennung zwischen „beruflich" und „privat": So viel, gern und ständig sie privat „Social Media online" sind, so wenig Interesse und Bereitschaft zeigen sie, mit dem eigenen Smartphone aktiv Kommunikation für das eigenen Unternehmen zu machen. Und sei es nur das Abonnieren der Facebookseite des eigenen Unternehmens. Die Vorbildfunktion der Führungskräfte und der konsequente Einsatz agiler Methoden können positive Veränderungen bewirken.

So etwa bei der Einführung eines mit allen Anspruchsgruppen gemeinsam entwickelten „Social Intranets", verstanden als digitale Plattform, in die nicht nur Inhalte für Mitarbeitende zentral eingestellt werden, sondern das auch Raum zur kollaborativen Arbeit vieler in gemeinsamen Projekten bietet: Im Social Intranet werden Inhalte nicht (nur) zentral durch eine Redaktion zur Verfügung gestellt, sondern von Nutzern auch aktiv erstellt und mitgestaltet. Der „User-Generated-Content" wird von den Abteilungen direkt veröffentlicht und kann, je nach Freigabe und Zulassung, von Kollegen ergänzt oder geändert werden. Mitarbeiter können das Erscheinungsbild des Intranets nach ihren eigenen Interessen und Wünschen individuell gestalten. Sie können sich untereinander vernetzen, Blogbeiträge schreiben und sich aktiv in Wikis und Foren an der firmenweiten Kommunikation beteiligen.

Social-Media-Giganten wie Facebook haben sich des veränderten Kommunikationsbedarfs der Unternehmen bereits angenommen: Seit Oktober 2016 bietet Facebook unter dem Namen „Workplace at Facebook" eine geschlossene Kollaborationslösung für die interne Unternehmenskommunikation an – auf millionenfach nutzererprobter Vertrautheitsbasis. Hierbei wird die Managementfähigkeit, im Rahmen der Möglichkeiten kontrollierbar zu vertrauen, den Mitarbeitenden wie den Social-Media-Anbietern relevant. Mehrfach öffentlich gebrochene Datenschutz-Versprechen, z. B. von Facebook bei der Übernahme des Messengerdienstes WhatsApp, zeigen jedoch das bislang unauflösbare Dilemma, in dem Verantwortungsträger stecken: WhatsApp hat sich bereits weitgehend in die dienstliche Kommunikation in der Sozialwirtschaft „eingeschlichen" und etabliert: De jure unerlaubt, de facto aber geduldete, weil nicht verhinderbare Berufsalltagspraxis.

Lernfeld Klientenzentrierung

Das technologisch wie sozial innovative Medium *Social Intranet* führt uns unmittelbar in das zweite Lernfeld einer digital agilen und fitten Organisation: zur digital gestützten Kommunikation und Dienstleistungserbringung mit und für Klienten. Es gibt bereits zahlreiche und zitierte Beispiele agiler Social Start-ups, die für ihre Mitarbeiter wie für ihre Kunden attraktive und wohnortnahe Angebote testen:

> Der ambulante Pflegedienst Pflegetiger aus Berlin vermittelt Pflegekräfte aus der Nachbarschaft. Der Anbieter bietet alle Leistungen des SGB XI aus einer Hand an. Die Pflegekräfte sind fest angestellt und erreichen ihre Patienten zu Fuß, mit dem Fahrrad oder der Straßenbahn, der festgelegte Radius ist übersichtlich. Touren lassen sich so einfacher planen, dem Mitarbeiter bleibt mehr Zeit für die Patienten. Statt die Mitarbeiter zentral zu steuern, hat das Start-up die Aufgabe dezentralisiert. Der Pfleger in seiner Nachbarschaft steht im Mittelpunkt. Weitere Anbieter wie Careship oder Veyo Care bieten ähnliche Dienste bereits in Hamburg, Düsseldorf oder Frankfurt an. (Eichmann 2017: 27)

Ob, wie lange und wie viel dieser Start-ups Erfolge haben werden, wird wie immer die Zeit zeigen. Pflegetiger beispielsweise ist 2018 insolvent gegangen und wird seit 2019 als caretiger mit neuem Gesellschafter, der Stephanus-Stiftung, weiter fortgeführt. Aber es waren nicht selten Fehleinschätzungen von Entwicklungen, die einstmals etablierte Unternehmen wie Kodak beim digitalen Bild oder Nokia beim Smartphone erst ins Wanken und dann zu Fall brachten. Insofern zeigt das Lernfeld Klienten auch hier wieder, wie wichtig es für etablierte Sozialunternehmen sein kann, entweder selbst an die Entwicklung innovativer digitaler Start-ups oder Ausgründungen zu gehen oder sich dabei in bereits bewährte Partnerschaften zu begeben: Im PIKSL-Labor haben die Diakonie Düsseldorf und die

Stiftung Bethel gemeinsam ein Tochterunternehmen gegründet, um digitale Teilhabe für Menschen mit Behinderungen zu testen, zu entwickeln und zu vermarkten. Oder die erfolgreiche Kooperation der Agentur Social Impact, die Social Start-ups und den Paritätischen Wohlfahrtsverband unter dem programmatischen Titel „Innovation²" zusammenbringt.

Lernfeld Stärkenorientierung

Die etablierte Sozialwirtschaft steht in der latenten Gefahr, aufgrund ihres besonderen Arbeitsfelds der Bearbeitung von gesellschaftlichen und persönlichen Defiziten diese „Defizit-Kompetenz" auch auf ihr Selbstverständnis und ihr Selbstbild zu übertragen. Umso stärker ist dieser oft unbewusste, aber umso tiefer kulturell verankerte Effekt beim Herangehen an das „Angstthema" Digitalisierung: „Bevor wir da etwas falsch machen, machen wir lieber nichts." Verständlich angesichts der aktuellen Situation, dass die alte analoge Welt ja noch ganz gut funktioniert und die Organisationen täglich fordert und ihre Angebote ja noch ausreichend Klienten finden und somit Mehrwert schöpfen.

Ein Blick auf die eigentliche Mission der Sozialwirtschaft hilft weiterdenken: „Hilfe zur Selbsthilfe". Oder anders formuliert: Stärkung der Selbstbestimmung von Menschen. Hier ist das Konzept des agilen Managements besonders anschlussfähig und somit seine Enkulturation besonders sinnvoll:

> Die Förderung von Autonomie und Selbstbestimmung gelingt vor allem in Organisationen, in denen die Mitarbeitenden selbst autonom und selbstbestimmt miteinander handeln können. Hinzu kommt, dass der Freiraum für die Mitarbeitenden gleichzeitig auch die Attraktivität der Organisation steigert. Der Sinn in der Sozialen Arbeit ist vorhanden. Es gilt, diesen für die Menschen wieder erlebbar zu machen. (Epe 2017: 32)

Mit Blick auf Digitalisierung heißt das zuallererst, die technischen Möglichkeiten zu „barriere- und hierarchiefreier" Kommunikation zu nutzen (s. o.). Zum anderen sind wir es doch gerade in der täglichen Arbeit mit unseren Klienten gewohnt, dass sich der Erfolg nicht gleich oder auch gar nicht einstellt. Dennoch gehen wir täglich immer wieder neu „dran" und machen weiter gemäß des Leitgedankens des Christlichen Jugenddorfwerks Deutschlands „Keiner darf verlorengehen". Wenn wir diese Erfahrung als unsere größte Stärke verstehen, sollte das Thema Digitalisierung als im besten Sinn reflektierter Umgang mit dem inhärenten Faktor „Unsicherheit" gelingen. Die Sozialwirtschaft hat bereits eine positive „Kultur des Scheiterns" aufgrund ihres besonderen Gegenstandes des immer wieder scheiternden Menschen. Leider kann die Kultur des scheiternden Menschen aufgrund des Drucks, den die Kostenträger mit Blick auf nachweisbare Erfolge ausüben, bislang noch nicht offen gelebt werden.

Gerade deshalb sollte die Digitalisierung demzufolge als ganz besondere Chance verstanden, kommuniziert und durch agiles Management in die DNA der Sozialunternehmen verwoben werden. Vielleicht kann so im Schritt als Folge auch bei den Kostenträgern eine durch die Digitalisierung notwendige Transformation der eigenen Kultur angestoßen werden.

Digitale Transformation braucht soziale Innovation – der Social Innovation Readiness-Check des Deutschen Transferzentrums für soziale Innovationen

Auch Manager der Sozialwirtschaft sind analytisches Denken und Entscheiden („faktenbasiert Schritt für Schritt", „das machbare Zuerst", „ohne Analyse kein Projekt") gewohnt. In der sektorübergreifenden Kooperation von Universitäten mit Kompetenzen in sozialwirtschaftlicher Praxisforschung und einem Netzwerk von Unternehmensberatern mit Profit- und Nonprofit-Expertise wurde deshalb im Deutschen Transferzentrum für soziale Innovationen (www.soziale-innovationen.com) in den Jahren 2015 und 2016 ein Analysetool entwickelt. Es misst den Reifegrad der Transformationsfähigkeit der eigenen Organisation und liefert zudem erste Ansatzpunkte für konkrete Maßnahmen zu dessen Steigerung. Intention war zudem, die beiden sich widersprechenden Logiken des gelernten „Schritt für Schritt" und „Alles gleichzeitig" der digitalen Transformation stärker miteinander ins Gespräch zu bringen.

Ursprünglich als „Corporate Social Impact Innovation Check" mit dem Fokus auf gesellschaftlich nachhaltige Geschäftsmodelle der gewerblichen Wirtschaft entwickelt (vgl. Kopf und Pastuszka 2019), wurde das Modell für Unternehmen der Sozialwirtschaft weiterentwickelt: Die sieben Erfolgsfaktoren werden über 30 Indikatoren entweder im persönlichen Interview im Rahmen einer aktivierenden Befragung quantifiziert oder mittels eines Online-Fragebogens über die Antworten auf 90 individuelle Fragen ermittelt und bewertet. Der Check kann im Rahmen dieses Beitrags nicht im Detail vorgestellt werden, daher sollen die sieben Erfolgsfaktoren (siehe Abbildung 2) und 17 Indikatoren für eine agile Innovationskultur (siehe Abbildung 3) hier beispielhaft vorgestellt sowie der Prozess der Durchführung des Checks und erste Erfahrungen kurz beschrieben werden.

Sieben Erfolgsfaktoren für Transformationsfähigkeit

1. Agile Innovationskultur
2. Nutzerorientierung
3. Offenheit für radikal Neues
4. Geschützte Innovationsräume
5. Wertschätzung der Mitarbeiter
6. Gelebte Fehlerkultur
7. Digital Social Innovation Treiber auf Führungsebene

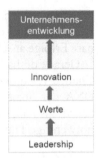

Abb. 2: Die sieben Erfolgsfaktoren für Transformationsfähigkeit (eigene Darstellung)

Agile Innovationskultur

Tiefe und gelebte Überzeugung, dass Innovation der zentrale Erfolgsfaktor für den Unternehmenserfolg ist und alle Bereiche des Unternehmens durchdringt.

Es gibt ein interaktives Ideenmanagement mit kurzen Feedback-Loops.

Anwendung agiler Methoden im Innovationsprozess: Rapid Prototyping, Design Thinking, SCRUM, etc.

Es besteht die Möglichkeit, um bestehende Regeln herum zu arbeiten, wenn ein Innovationsprojekt dies erfordert („Control Avoidance").

Entscheidungen werden konsequent, transparent und zügig getroffen.

Die Innovationsaktivitäten sind offen für Einflüsse und Mitwirkung von außen.

Nutzerorientierung

Kunden-/Nutzerbedürfnisse stehen im Mittelpunkt der Innovationsanstrengungen.

Kunden/Nutzer werden aktiv in den Innovationsprozess eingebunden.

Offenheit für radikal Neues

Existierendes wird in Frage gestellt.

Radikal Neues wird nicht behindert.

Die Bereitschaft besteht, das eigene Geschäft zu kannibalisieren.

Es besteht eine große Innovationshöhe bei den Entwicklungen (Technologien, Märkte und Geschäftsmodelle) des Unternehmens.

Es wird eine ganzheitliche und strukturierte Analyse und Vorausschau der Zukunft (Märkte, Technologien, Gesellschaft, etc.) erstellt.

Geschützte (Innovations-)Räume

Innovation gehört zu den Aufgaben aller Mitarbeiter.

Den Mitarbeitern wird der Freiraum gegeben, kreativ zu sein und neue Ideen voranzutreiben.

Es gibt dedizierte Innovationsbudgets für verschiedene Innovationsarten (inkrementell vs. radikal).

Neue Ideen/Innovationen werden nicht den Zwängen des operativen Geschäfts unterworfen (stattdessen z. B. neue Start-ups unabhängig aufgestellt).

Abb. 3: Indikatoren einer agilen Innovationskultur (eigene Darstellung in Anlehnung an Deutsches Transferzentrum für Soziale Innovation)

Da kulturelle Faktoren stark vom individuellen Führungsstil der Vorgesetzten abhängen und die Beantwortung durch das persönliche Erleben des Befragten geprägt ist, ist es wichtig, unterschiedliche Teile der Organisation zu untersuchen (Funktionen, Hierarchieebenen). Die Online-Variante des Checks bietet sich dafür an, da auf effiziente Weise ein aussagekräftiges Bild über die gesamte Organisation hinweg generiert wird und bestimmte Quellen für Verzerrungen (z. B. Management-Sicht, Abteilungsspezifika) korrigiert werden.

Es hat sich als zielführend erwiesen, den Check zunächst in Form von etwa drei bis fünf persönlichen Interviews durchzuführen und ihn bei Bedarf als Online-Version auf eine größere Anzahl von Mitarbeitern auszudehnen, um das gewonnene Bild zu überprüfen und gegebenenfalls Diskrepanzen zu identifizieren (Management-Sicht vs. Organisations-Sicht).

Die konsolidierten Ergebnisse auf Ebene der sieben Erfolgsfaktoren zeichnen ein High-Level-Bild der Situation im Unternehmen. Die Erfolgsfaktoren stehen durch komplexe Wechselwirkungen miteinander in Beziehung, dennoch lassen sich bereits auf der High-Level-Ebene erste Erkenntnisse ableiten. Häufig gehen eher durchschnittliche Ausprägungen im Sektor Innovation mit ebensolchen Ausprägungen bei Vertrauen und Wertschätzung einher, was insbesondere bei etablierten Unternehmen zu beobachten ist. Gute Ergebnisse bei Vertrauen und Wertschätzung hingegen sind noch keine Garanten für hohe Innovationsfähigkeit. So zeigt sich beispielsweise, dass Unternehmen mit ausgezeichneten Ausprägungen in den Bereichen Werte und Führung in Sachen Innovation durchaus noch vor Herausforderungen stehen. Insbesondere scheint der Aspekt „Offenheit für Neues" außerhalb des Organisationsfokus ein limitierender Faktor auf der Kultur- und Prozessebene zu sein, was auch signifikante Schritte in Richtung digitaler Transformationsfähigkeit erschwert.

Einfach anfangen und lernen, lernen, lernen – ein Zehn-Schritte-Fitnessplan zur digitalen Zukunftsfähigkeit

Wem der Check des Deutschen Transferzentrums für soziale Innovationen ob seiner methodisch-wissenschaftlichen Exaktheit zu komplex oder zu kompliziert für die eigene Organisation erscheint, dem schlägt der Autor einen auf die manageriale Alltagspraxis hin entwickelten und praktisch-essenziellen „Fitnessplan" vor.

Der Fitnessplan sollte vom Leichten zum Schweren durchlaufen werden, er kann aber wie ein Fitnessparcours oder wie in einem Fitnesscenter immer wieder auch an einzelnen Stationen oder einzelnen Fitnessgeräten vertieft trainiert werden. Wichtig dabei sind drei Dinge: 1) einfach anfangen, 2) es immer wieder tun und vor allem 3) aus jeder Station lernen. Agile Fitness ist in erster Linie ein Lernprozess, aus dem heraus dann „organisationale Digitalkompetenz" entsteht (vgl. Epe 2017b).

Schritt 1: Die digitale Entdeckungsreise im Management beginnen – zuhause und im Büro

Wie aufgeschlossen bin ich gegenüber neuen Technologien und welchen Digitalisierungsgrad hat mein Leben privat und beruflich? Noch vor wenigen Jahren verfügte ein hochwertig technologisch ausgestatteter Haushalt neben Küchentechnik und „Home Entertainment" über ein Faxgerät, einen Anrufbeantworter und einen Computer. Heute muss als zentrales Merkmal eines höheren technologischen Standards die Vernetzung aller im Haushalt genutzten Geräte gesehen werden. Steuern wir bereits alles via Tablet oder Smartphone? Wer sich der Vernetzung weder daheim noch im Büro zumindest intellektuell stellt, der ist den wohl elementarsten Schritt der Digitalisierung noch nicht mitgegangen. Wer die Vernetzung im Büro als reine Dienstleistung der hauseigenen IT begreift, ohne die Zusammenhänge selbst verstehen zu wollen, der ist bestenfalls ein nicht störender Passagier auf der Reise, ein aktiver Treiber der Digitalisierung ist er noch nicht. Kurz: Machen Sie sich ein eigenes Bild Ihrer eigenen Konnektivität und bessern Sie gegebenenfalls nach.

Schritt 2: Digital-Check der Kommunikation nach außen – privat und beruflich

Wie kommuniziere ich als Person, wie meine Organisation im Netz? Wer und was nicht im Netz zu finden ist, den und das gibt es nicht – so zumindest ist das die Perspektive der immer mehr werdenden „Digital Natives". Insofern sollten Führungskräfte ihr eigenes Kommunikationsverhalten dahingehend kritisch überprüfen. „Social Media Influencer Marketing" ist ein neuer Schlüsselbegriff in diesem Zusammenhang. Gemeint sind Personen, die eine beträchtliche digitale Aufmerksamkeit via Social Media er-reicht haben. Übertragen auf zwei der Kernaufgaben von Führung in der Sozialwirtschaft, die Kommunikation und das sozial-anwaltschaftliche Lobbying, sollte jede Führungskraft ein Mindestmaß an Social-Media-Prä-senz (intern und extern) besitzen. Vergleichbares gilt für die Organisation. Viele Auftritte im Web entsprechen nicht mehr den Anforderungen heuti-ger Multi-Channel-Digital-Kommunikation. Hier sollte mindestens alle drei Jahre ein Relaunch (technisch und inhaltlich) in den Regelablauf der Unternehmenskommunikation eingeplant werden.

Schritt 3: Digital-Check der Bewertung von außen – als Person und Organisation

Wie wird mein Kommunizieren, mein Auftreten, wie das meiner Organi-sation im Netz wahrgenommen und vor allem auch bewertet? Das Absen-den von Botschaften allein genügt nicht, entscheidend ist, was und wie sie beim Empfänger ankommen. Dieser schon immer gültige Grundsatz ist durch die neuen Möglichkeiten gerade der digitalen Kommunikation im-mer leichter, schneller und mit weniger Ressourcen umsetzbar. Anstatt aufwendiger sozialwissenschaftlich-empirischer Befragungen und Analy-sen durch Experten genügt der regelmäßige Blick ins Netz via Google & Co anhand der Stichwortsuche sowie die verfügbaren Webseiten-Analyse-tools (z. B. Google Analytics). Besonders angeraten ist es, den immer stär-ker sich entwickelnden Plattform-Markt der Bewertungen als Arbeitgeber und der von ihm erbrachten Dienstleistungen regelmäßig in den Blick zu nehmen.

Schritt 4: Digitale Umfeldanalyse betreiben – branchenspezifisch und -übergrei-fend

Wie weit sind unsere Wettbewerber bereits in ihrer Digitalisierung? Gibt es „Hidden Champions" und was können wir von ihnen lernen? Derselbe regelmäßige Blick im Sinne eines „Trendradars" sollte auch ausgeweitet werden auf das eigene Umfeld. Es ist immer wieder erstaunlich, was und wie viel allein über die regelmäßige Netzrecherche über andere Dienstleis-ter herausgefunden werden kann. Geht dann der Blick noch über den Tel-lerrand der eigenen Branche und schaut man sich die Entwicklungen an-derer Branchen gezielt an, wird das Bild noch umfassender. Im Zusam-menspiel mit den aktuellen Diskussionen auf Fachtagungen, Konferenzen und einschlägigen Branchenmagazinen sollte so jeder Führungsverant-wortliche ein valides Bild der eigenen digitalen Landkarte entwickeln und vor sich haben.

Schritt 5: Dienstleistungen auf Digitalisierungsmöglichkeiten prüfen – erprobte und neue

Können wir unsere bestehenden Dienstleistungen durch digitale Prozess-Elemente verbessern – zur Vereinfachung für Mitarbeitende und zum Nutzen der Kunden? Und können wir gegebenenfalls daraus abgeleitete, ganz neue digitale Dienstleistungen anbieten, zumindest uns solche ausdenken? Das ist der Kern des Fitnessplans zur digitalen Zukunftsfähigkeit. Als „Digital Darwinist" sieht sich Karl Heinz Land und teilt mit zahlreichen Experten die Meinung: „Alles, was digitalisiert werden kann, wird digitalisiert werden" (Gensheimer 2016). Insofern ist es sinnvoll, diese Entwicklung proaktiv mitzugehen. Fangen Sie mit dem Vorhandenen an (z. B. Vereinbarung von Beratungsterminen online oder die Kommunikation mit Klienten via Smartphone) und weiten Sie die Frage auf neue, reine digitale Dienstleistungsangebote aus.

Schritt 6: Neue Geschäftsmodelle für die digitalisierte Gesellschaft entwickeln – machen, mitmachen oder einkaufen

Haben wir die digitale Frage des 21. Jahrhunderts als neue soziale Frage verstanden und können wir bereits Angebote zu ihrer Bearbeitung entwickeln? Die Digitalisierung verlangt nicht nur neue digitale Dienstleistungsangebote aus dem Bestehenden heraus. Ihr dreifaches Wesen als radikale, rasante und rigorose Transformation verlangt nach ganz neuen (Geschäfts-)Modellen, die neue Anbieter, neue Zielgruppen und neue Märkte hervorbringen. Welche sinnstiftenden Angebote kann die Wohlfahrt z. B. für die immer weniger von Erwerbsarbeit geprägte Gesellschaft in näherer Zukunft anbieten? Was, wenn Amazon, Google, Apple und Uber unser Kerngeschäft komplett selbstständig anbieten? Die drei mögliche Wege, um sich dieser immer realer werdenden Utopie zuzuwenden, sind zum einen ein eigenes systematisches Innovationsmanagement aufbauen, zum anderen sich Partner zum gemeinsamen Entwickeln suchen oder eben ganz klassisch-wirtschaftlich zum Dritten sich erfolgversprechende Start-ups im richtigen Zeitpunkt „einfach kaufen" („make it or buy it"). Entscheidend ist weniger das „Wie" als das „Dass" (wir es angehen). Und vor allem: Dass wir weit genug und disruptiv genug vorausdenken und gesellschaftliche Szenarien der „Post-Labour-Gesellschaft" einbeziehen.

Schritt 7: Die Mitarbeiter aktiver in digitale Kommunikation einbinden – als Person und Mitarbeiter

Wie gelingt es, die privat Social Media affinen Mitarbeiter auch für das eigene Unternehmen und seine Kommunikation zu begeistern? Und wie schaffen wir den Spagat zwischen dienstlichem Datenschutz und persönlichem Nutzer-Verhalten? Ist das Entwickeln digitaler Geschäftsmodelle eher etwas für wenige Experten im Unternehmen, so sind in der Regel die meisten Mitarbeiter eines Sozialunternehmens privat bereits „ziemlich digital". Das Dilemma: Entweder können sie ihre Nutzergewohnheiten nicht im beruflichen Alltag entsprechend einsetzen (rigide Datenschutzrichtlinien und/oder ungewohnte, nicht intuitiv zu bedienenden technische Anwendungen) oder sie trennen sehr bewusst zwischen beruflicher und privater Kommunikation. Zwei mögliche Lösungen: die Vorbildfunktion der Führungskräfte und das Einführen eines Social Intranets.

Schritt 8: Vorhandene Mitarbeiter digital weiterentwickeln – als Lernende und Lehrende

Wie gelingt es, möglichst vielen Mitarbeitenden zu einer digitalen Grundkompetenz zu verhelfen und wie kann die „Schwarmintelligenz der Vielen" fruchtbar gemacht werden? Um die vorherstehenden Fitness-Punkte auch unternehmerisch abarbeiten zu können, braucht es insbesondere digital kompetenter Mit-Macher – und das geht über die bloße Social-Media-Anwenderfähigkeit hinaus. Noch ist die Digitalkompetenz in der Aus- und Weiterbildung z. B. an Hochschulen nur wenig im Blick. Im ersten Schritt ist es deshalb durchaus ausreichend und zielführend, diejenigen im Unternehmen zu identifizieren, die eine besondere Nähe und Leidenschaft für „das Digitale" haben. Digitale Kompetenz entsteht durch einfaches Tun und Mitmachen. Stellen Sie Zeit und Räume (virtuell und real) zur Verfügung, in denen sich Lernende und Lehrende zum Thema Digitalisierung begegnen und voneinander lernen können – insbesondere das „digitale Denken im Sozialen". Oder ermuntern Sie Ihre Mitarbeitenden, an extern bereits angebotenen sogenannten Barcamps zur Digitalisierung der Sozialen Arbeit teilzunehmen. Ein Barcamp, auch „Unkonferenz" genannt, ist ein offenes Format für Workshops oder Tagungen, bei der die Teilnehmenden am Anfang des Tages selbst bestimmen, was die Inhalte des Tages sein werden. Barcamps sollen eine spontane und unkomplizierte Zusammenkunft von Menschen sein, die sich zu Themen austauschen und diskutieren wollen. Das Format stammt aus dem Silicon Valley. In Deutschland hat sich z. B. die Caritas sehr intensiv bereits damit auseinandergesetzt und im November 2016 ein solches Barcamp durchgeführt (vgl. www.bonn.ca mp/sozialcamp).

Schritt 9: Gezielt „Digital Kompetente" einstellen – auf allen Ebenen bis ins Management

Wie relevant ist das Kriterium „Digitalkompetenz" beim Formulieren von Stellenanforderungen und bei der Mitarbeiterauswahl? Am einfachsten wäre es, bei jeder neuen Stelle möglichst nach einem „Digital Native" Ausschau zu halten. Damit wäre aber der besondere Erfahrungsschatz Älterer nicht mehr gewährleistet. Zumal es bei Jungen wie Älteren digital affinere und weniger affine gibt. Worauf Führungskräfte und Personalexperten jedoch unbedingt achten sollten: Dass sie gemeinsam einen Kriterienkatalog für Digitalisierungskompetenz erarbeiten und bei jedem Stellenbesetzungsverfahren auch konsequent und systematisch abprüfen.

Schritt 10: Umfassende digitale Innovationskultur aufbauen – gesteuert und ungesteuert

Schaffen wir es, in unseren Unternehmen ein Stück weit ein „Digital Social Valley" zu erzeugen? Scheinbar die schwierigste Frage im Zusammenhang der digitalen Fitness. Mit Blick auf den Gründergeist der Mütter und Väter der Freien Wohlfahrtspflege vielleicht aber doch nicht. Auch damals herrschte eine besondere Aufbruchsstimmung im Sinne von „einfach machen, einfach helfen", „keinen am Wegrand liegen lassen". Was wir Heutigen anders machen können und müssen, ist die Art der intrinsischen Motivation: War es damals die (in der Regel christliche) Verantwortung aus ethisch-moralischem Pflichtgefühl, so könnte es heute unser (richtig verstandenes) Selbstbewusstsein als erfolgreiche Sozialunternehmer sein: 150 Jahre Wohlfahrt haben gezeigt: Wir gehen die sozialen Probleme an und schaffen Lösungen. Dann sollte uns das auch mit den Herausforderungen der digitalisierten Gesellschaft gelingen.

Literatur

Eichmann, Thomas (2017): Neue Lösungen entwickeln. In: Wohlfahrt Intern 13 (6), S. 26–28.

Epe, Hendrik (2016): Agiles Projektmanagement in Organisationen der Sozialwirtschaft. Online unter: https://ideequadrat.org/agiles-projektmanagement-in-organisationen-der-sozialwirtschaft/. Abruf: 05.07.2018.

Epe, Henrik (2017): Agiles Management. Selbstorgansiert arbeiten. In: Wohlfahrt Intern 6, S. 32.

Epe, Hendrik (2017a): Zehn Strategien im Umgang mit Unsicherheit. Online unter: https://ideequadrat.org/strategien-unsicherheit/. Abruf: 05.07.2018.

Epe, Hendrik (2017b): Neun Thesen für organisationale Digitalkompetenz. Online unter: https://ideequadrat.org/9-thesen-fuer-organisationale-digitalkompetenz/. Abruf: 05.07.2018.

Gensheimer, Barbara (2016): Alles, was digitalisiert werden kann, wird digitalisiert werden. Online unter: https://www.bme.de/alles-was-digitalisiert-werden-kann-w ird-digitalisiert-werden-1427/. Veröffentlicht am 03.02.2016, Abruf: 05.07.2018.

Hofert, Svenja (2017): Agiler führen. Einfache Maßnahmen für bessere Teamarbeit, mehr Leistung und höhere Kreativität. Gabler, Wiesbaden.

Kopf, Hartmut (2016): Digitale Transformation von Non-Profits – wie digital „fit" ist der Dritte Sektor? Eine Blitzlicht-Umfrage der kopf.consulting unter Non-Profit Entscheidern. Online unter: https://www.kopf.consulting. Abruf: 05.07.2018.

Kopf, Hartmut und Pastuszka, Stefan (2019): Corporate Social Impact Innovation (CSI[2]) – next level CSR? In: Alexander Kraemer und Laura Schons (Hrsg.): CSR und Social Enterprise, Springer, Wiesbaden, S. 213–222

Kopf, Hartmut und Schmolze-Krahn, Raimund (2018): Zwischen Tradition und Digitalisierung. Unternehmenskulturen sozialer Organisationen im Wandel. In: Kreidenweis, Helmut (Hrsg.): Digitaler Wandel in der Sozialwirtschaft. Grund-lagen – Strategien – Praxis. Nomos, Baden-Baden, S. 79–102.

o. V. (2017): Sozialunternehmen müssen agiler werden. Online unter: https://www. wohlfahrtintern.de/nc/diakonie/newsdetails/article/sozialunternehmen-muessen -agiler-werden/. Veröffentlicht am 18.05.2017. Abruf: 05.07.2018.

Seitz, Andreas (2017): Stoppt den Agilitätswahn. Online unter: http://www.manage r-magazin.de/unternehmen/karriere/agilitaet-warum-der-management-hype-zu-k urz-greift-a-1157342.html. Veröffentlicht am 16.07.2017. Abruf: 24.07.2017.

TNS Infratest Monitor-Report Wirtschaft DIGITAL (2017). Online unter: https://w ww.tns-infratest.com/wissensforum/studien/monitoring-report_digitale_wirtsch aft.asp. Abruf: 30.07.2017.

Transformationswerk Report (2016) Online unter: https://www.transformationswe rk.de/studie/. Abruf: 30.07.2017.

Wie die Digitalisierung von Sprache und Kommunikation die Gesellschaft beeinflusst

Jens Runkehl[1]

In einer repräsentativen Umfrage aus dem Jahr 2009 äußern rund zwei Drittel der Befragten, dass die deutsche Sprache immer mehr zu verkommen drohe (vgl. Hoberg et al. 2008). Den Grund hierfür verorten rund die Hälfte derjenigen, die diesen Befund diagnostizieren, im Nachlassen der Bemühungen um eine gute Ausdrucksweise beim Austausch von SMS oder E-Mail-Nachrichten. Ebenfalls wird die Verwendung von unverständlichen Abkürzungen negativ beurteilt, welche in der Netzkommunikation eine prominente Rolle spielen (z. B. 4u = four you = für dich, cu = see you = man sieht sich, fyi = for you interest = zu deiner Information, rotfl = rolling on the floor laughing = ich roll mich lachend auf dem Boden u. v. a. m.). Auch in den Medien wird wiederkehrend gemutmaßt, dass Nutzer im Netz Nachrichten verfassen, die „Frei Schnauze" (vgl. Osel 2015) geschrieben werden – unter Missachtung orthografischer oder grammatischer Regeln.

All diese (und viele weitere) Beobachtungen beflügeln in öffentlichen Debatten die Meinung, dass viele Sprachgebrauchsgewohnheiten des Internets maßgeblich einem Sprachverfall Vorschub leisten. Ob dies tatsächlich der Fall ist, lässt sich nur schwer beurteilen, da der Prozess des Sprachwandels ein anhaltender ist. Dennoch lassen sich einige Befunde konstatieren, anhand derer Rückschlüsse über die Veränderung von Form und Funktion sprachlicher Ausdrücke und kommunikativer Interaktionsmuster gezogen werden können. Hierbei ist eine begriffliche Bestimmung von eminenter Bedeutung: Die Trennung von ‚Sprache' und ‚Kommunikation'. Sprache meint hier das Sprachsystem als solches, bei welchem auf verschiedenen Beschreibungsebenen (insbesondere Semiotik, Morphologie, Syntax) die Regeln kodifiziert sind, nach denen Wörter und Sätze gebildet werden, die schließlich dem Anspruch des ‚Standarddeutschen' entsprechen. Kommunikation dagegen wird hier als Gebrauch ebendieses Sprachsystems in einer konkreten und jeweils spezifischen Interaktionssituation (und damit

---

1 Dr. *Jens Runkehl*, Lehrstuhlvertretung Lehrstuhl für Deutsche Philologie der RWTH Aachen. E-Mail: s.runkehl@isk.rwth-aachen.de.

Ausgestaltungsvariante) verstanden. Diese Trennung verdeutlicht, dass systemisch objektive Fehler (z. B. das Sagen von ‚intrigiert' statt ‚integriert') im konkreten kommunikativen Setting (‚ich weiß um das Defizit, dass X den Unterschied dieser Wörter nicht kennt, und es spielt im privaten Gespräch auch keine Rolle') akzeptabel sein können.

1. Die Veränderung von Sprache im Internet

Die bereits erwähnte Häufung von Abkürzungen ist bereits früh als Marker netzspezifischen Sprachgebrauchs identifiziert worden (vgl. Haase et al. 1997). Ebenso wird in wellenartigen Bewegungen das zunehmende Verschwinden von Interpunktionszeichen (insbesondere Komma und Punkt, vgl. o. V. 2013) diagnostiziert. Ein weiterer relevanter Aspekt sprachlicher Veränderung zeigt auf semiotischer Ebene die Karriere der Smileys hin zu den Emojis. Die ursprünglich aus Satzzeichen wie Doppelpunkt, Bindestrich und Klammer bestehenden ‚Gesichter' haben sich zu eigenständigen Bildzeichen mit einer erheblichen Ausdifferenzierung weiterentwickelt, wobei ein Ende der Ausweitung des Darstellungsspektrums noch nicht abzusehen ist. Neben der Verwendung von Emojis als autonome Entscheidung durch den Nutzer tritt mittlerweile auch die ‚halbautomatisierte' Verwendung in das Blickfeld, wenn während des Tippens einer Buchstabenfolge (z. B. ‚Pizza') vom Betriebssystem ein entsprechendes Bild (Emoji Pizza) automatisch vorgeschlagen wird. So kann der Nutzer wählen, ob er lediglich den Satz ‚Heute Abend Pizza?' als Buchstabenfolge schreibt, sich für die Substitution der Worte ‚Abend' (durch das Emoji ‚Mond') bzw. ‚Pizza' entscheidet oder Worte und Emojis miteinander kombiniert. Ebendiese Kombinationsformen bzw. Substitutionen von Worten und Emojis sind es, die die Vermutung nähren, dass „die Multimediasprache des Bildschirms die Schrift online als das primäre Medium der Massenkommunikation ersetzen" (vgl. Ash 2016: 187) könnte.

Zu all den genannten Phänomenen hat die einschlägige linguistische Forschung zum Gegenstandsbereich Internetkommunikation eine bis zum gegenwärtigen Zeitpunkt stabile Einschätzung herausgearbeitet, die jedoch gerade nicht von sprachlicher Depravation ausgeht. Die Veränderungen auf der sprachlichen Ebene sind für sie vielmehr „funktionale Schriftsprachvarianten, die sich in Konkurrenz zu Standardisierungs- und Normierungsprozessen ausbilden und die im Hinblick auf die medialen Bedingungen und kommunikativen Funktionen optimiert sind" (Schlobinski 2005: 7). Demzufolge ist die starke Durchdringung der netzspezifischen Sprachverwendung durch Abkürzungen z. B. dem Bedürfnis nach Sprachökonomie geschuldet. WhatsApp- oder Facebook-Posts werden meist auf dem Smartphone getippt, wo das Schreiben langer Texte unüblich ist. In den ehemaligen Zeiten kostenpflichtiger SMS-Nachrichten korrelierten sprachliche und monetäre Ökonomie tatsächlich unmittelbar. Das Argument der Ökonomie kann ebenso für den Entfall von Satzzeichen dienen, wobei tatsächlich unklar ist, ob insbesondere fehlende Kommata Ausdruck einer ‚Tippökonomie‘ sind oder doch einen Mangel an Zeichensetzungskompetenz offenbaren. Das Ausrufezeichen hat dagegen Konjunktur, weil es durch Wiederholung (!!!) als Intensivierungsmarker dient. Offen ist derzeit die Frage, ob Emojis zunehmend den Punkt als Satzschlusszeichen verdrängen und somit der Reduktion von Satzzeichen weiter Vorschub leisten. Emojis selbst scheinen einen unaufhaltsamen Siegeszug angetreten zu haben. Waren anfänglich knapp 200 dieser Bildzeichen verfügbar, sind es im Jahre 2010 bereits über 700. Ihr Vorteil liegt in der Fähigkeit, komplexe nonverbale Zusatzinformationen (z. B. Ironie) beisteuern zu können. Gleichzeitig verfügen sie jedoch über einen Grad an Ambiguität und Vagheit, der es erschweren kann, den gemeinten Sinn einer schriftlichen Aussage zu erfassen. Insofern kann die erfolgreiche (= Empfänger versteht Emojis in der Intention des Senders) Decodierung dieser Bildzeichen in einer spezifischen Kommunikation hochgradig kontextuell abhängig sein von den (idealerweise geteilten) Wissensbeständen der partizipierenden Kommunikanten.

Auch wenn hier nur einige wenige Beispiele für Veränderungen auf der sprachlichen Ebene gegeben werden können, kann in der Summe festgehalten werden, dass es einerseits gute Gründe gibt, den (nicht regelbasierten) Gebrauch des sprachlichen Systems mit Gelassenheit zu betrachten: Er kann Ausdruck sprachlicher Kreativität sein. Die eingesetzten sprachlichen Mittel vieler Postings können unter den (insbesondere spezifischen) Nutzungsbedingungen von Smartphones (kleine, virtuelle Tastatur, unmögliches zehnfingersystemisches Schreiben) kreativ ausgeschöpft werden. Ob dieser Begründungszusammenhang jedoch in der Realität in der Mehrzahl greift, bleibt unklar, solange keine belastbaren empirischen Studien darüber zuverlässig Auskunft erteilen können.

2. Die Veränderung von Kommunikation im Internet

Es dürfte als unbestritten gelten, dass Kommunikation via Internet zunächst als einmal eine überaus positiv zu bewertende Option einzuschätzen ist. Die Möglichkeit zu einem Austausch, der quasisynchron und global ist, war noch vor wenigen Jahrzehnten Utopie. Die Überwindung zeitlicher und räumlicher Kommunikationshürden muss weithin begrüßt werden. Zu den positiven Merkmalen zählt ferner die permanente Verfügbarkeit z. B. von Informationen; ebenfalls werden Öffnungszeiten (Bibliothek vs. Wikipedia, Online-Shop vs. lokales Geschäft) zunehmend irrelevant. Die soziale Vernetzung hat einen Freiheitsgrad erreicht, der es z. B. insbesondere Minderheiten ermöglicht, sich leichterhand zu finden und miteinander in Kontakt zu treten. Schon früh konnte gezeigt werden, dass die Frequenz von Forenbeiträgen bei Nischeninteressen oder -vorlieben deutlich höher war als bei sogenannten 08/15-Themen (vgl. Döring 1999). Dies bedeutet im Umkehrschluss ebenso, dass gesellschaftliche Minderheiten oder randständige Themen über das Instrument Internet ein Publikum erreichen können, wie es ohne das Netz nicht denkbar wäre.

Aber wie meist hat auch hier die Medaille zwei Seiten, die zu betrachten sind. Im Kern der dargestellten positiven Effekte des Internets steckt ein Konzept, das seinerseits hochproblematisch ist: das der Partizipation. Der intuitiv-positive Zugang zur Partizipation ist naturgemäß der, durch Teilhabe zu profitieren. Gleichzeitig darf es als Allgemeinplatz gelten, dass ebendies an vielen Stellen mittlerweile als ‚Zwang-zum-Mitmachen‘ empfunden wird. Wer über keinen Facebook-Account verfügt oder nicht via WhatsApp erreichbar ist, ist digital kaum/nicht existent. Als soziale Wesen strebt der Mensch nach Mehrung des sozialen Kapitals (vgl. Bourdieu 1983). Gleichzeitig ist diese Form des Kapitals nirgendwo derart metrifiziert (vgl. Mau 2017) wie im Internet. Die Anzahl von ‚Likes‘ und ‚Followern‘ geben (vermeintlich) Auskunft über dieses Kapital. Dies bedeutet wiederum, dass soziale Interaktion im Netz über sehr weite Strecken kompetitiven Denkmustern unterliegt, die einer inhärenten Maximierungslogik folgen. Dadurch ist Teilhabe/Partizipation in digitalen Konstellationen nicht mehr im Sinne einer emphatisch-selbstlosen Zuwendung zu Individuen (Mutter-Kind) zu verstehen, sondern vielmehr als ständig optimierungsbedürftige Kosten-Nutzen-Relation, bei der der Einzelne auf beständige Wertschöpfung zugunsten der Aufmerksamkeit auf die eigene Person setzt. Es mehren sich die Hinweise, dass dieses Prinzip der kommunikativen ‚Aufmerksamkeitsökonomie‘ (Bernardy 1914) gezielt von den Monopolisten des Internets (Alphabet, Amazon, Facebook) den Nutzern aufoktroyiert wurde (vgl. Martin-Jung 2018).

Wenn man der Theorie der Aufmerksamkeitsökonomie folgt, lassen sich damit wiederum verschiedene kommunikative Phänomene deuten. Aufmerksamkeit ist ein Gut, welches knapp bemessen ist, weil der Einzelne diese nur sehr selektiv zuteilen kann. Bedenkt man beispielsweise, dass bereits 2003 ein durchschnittlicher Amerikaner täglich rund 1.600 Werbebotschaften ausgesetzt war, und die Konsumenten „reagieren – nicht unbedingt positiv – auf nur etwa zwölf davon" (Castells 2003: 382), gewinnt die Bedeutung der Aufmerksamkeitsgenerierung eine ganz neue Dimension. Die Frequenz, etwas Neues liefern zu müssen, wird zu einem bestimmenden Parameter; dabei entwickelt sich implizit die Formel: je häufiger Neuigkeiten, desto mehr Aufmerksamkeitskapital bei idealerweise steigender ‚Erregungs'-Amplitude. Dadurch lassen sich Verhaltensmuster erklären, warum Menschen z. B. bei Verkehrsunfällen nicht nur nicht helfen, sondern Rettungskräfte behindern, um vom Ereignis Fotos/Videos zu erstellen, die gepostet werden können. An solchen Stellen offenbart sich deutlich die herausgehobene Notwendigkeit einer entsprechenden ‚Netz-Bildung', die über reine Benutzungskompetenzen deutlich hinausgehen muss.

Partizipation(szwang) und Aufmerksamkeit(sökonomie) generieren als Folge konsequenterweise die Beschleunigung von Kommunikationsentitäten pro Zeiteinheit. Diese Akzeleration führt wiederum zu unterschiedlichen gesellschaftlichen Entwicklungen: Um dem mutmaßlichen Zwang ständigen Dabeiseins gerecht zu werden, legen viele Menschen ihr Smartphone nicht mehr aus der Hand und schauen täglich in hoher Frequenz auf das Display. Dies führt Mediziner zu der Annahme, dass in absehbarer Zeit neue Krankheitsbilder (Deformation des Nackenskeletts) entstehen werden. Zudem führt das permanente Registrieren des Displays bei Bewegungen in der Realität dazu, dass Aufmerksamkeitsdefizite in der Umgebungswahrnehmung entstehen. Dieser Einsicht trägt die Entwicklung von ‚Bompeln' Rechnung: 2016 führte die Stadt Augsburg sogenannte Bodenampeln (in den Boden eingelassene rote Warnleuchten) ein, die an Straßenbahnhaltestellen querende (und smartphonenutzende) Passanten vor dem herannahenden Schienenverkehr warnen sollen.

Schließlich geben zahlreiche ‚Challenges' ein beredtes Zeugnis von Sinn oder Unsinn akzelerierter Netzkommunikation. Vor dem Hintergrund der ‚Notwendigkeit', in möglichst schneller Folge eine ‚neue Sau durchs digitale Dorf zu treiben' hat sich eine ‚Challenge'-Kultur etabliert: Nach dem Schneeball-Prinzip sollen sich hier durch eine virale Verbreitungs- und Multiplikatoren-Logik Meldungen durchsetzen. Prominent wurde die ALS Ice Bucket Challenge aus dem Jahr 2014. Hier sollte auf eine Nervenkrankheit aufmerksam gemacht werden, bei der Personen sich einen Eimer Eiswasser überschütten, mindestens drei weitere Personen für ebendiese Aktion ‚nominieren' und Geld an die ALS Stiftung spenden. Die Aktion hat erhebliche mediale Aufmerksamkeit erfahren. Wenn hinter der ALS Ice Bucket Challenge noch ein weiterreichender Sinn deutlich zu erkennen ist, ist dies bei nachfolgenden Aktionen nicht ohne weiteres der Fall, die Interessierte im Netz recherchieren können: ‚A-4-Waist-Challenge', ,Mannequin-Challenge', ,One-Finger-Challenge' oder ,firespraychallenge' sind nur die Spitze des kommunikativen Eisberges. An dieser Textform lässt sich deutlich die Ambivalenz kommunikativer Entitäten des Netzes ablesen: Sie kann positiv und produktiv verwendet werden (ALS), ebenso wie sie als Form des digitalen Zeitvertreibs (A-4-Waist) gelten kann.

An dieser Stelle ist zu einem immer wiederkehrenden Argument Position zu beziehen: Über Soziale Netzwerke wie Twitter, WhatsApp, SnapChat o. v. a. m. würde über weite Strecken irrelevante kommunikative Interaktion geführt; im Sinne von ,Klatsch und Tratsch allerorten'. Sieht man auf die Zahlen der JIM-Studie 2017, scheint sich dies zu bestätigen: 93 Prozent aller Jugendlichen zwischen zwölf und 19 Jahren in Deutschland nutzen das Smartphone täglich (Gerätebesitz in diesen Altersgruppen schwankt zwischen 92 und 99 Prozent). Die inhaltliche Verteilung besagt, dass dabei zu 38 Prozent Kommunikation, zu 20 Prozent Spiele, zu 11 Prozent Informationssuche und zu 30 Prozent Unterhaltung betrieben wird (vgl. Medienpädagogischer Forschungsverband Südwest 2017: 13, 10, 32). Kommunikation hat demnach einen erheblichen, wenngleich fallenden Anteil (2008 bis 2017: von 48 Prozent auf 38 Prozent [bei gleichzeitiger Zunahme des Aspekts ,Unterhaltung' von 18 Prozent auf 30 Prozent]).

Gleichzeitig ist festzuhalten, dass auch in der realen Welt viel Belangloses besprochen bzw. ,Klatsch und Tratsch' seinen Platz hat. Jedoch mit einem erheblichen Unterschied: Im Real Life (RL) ,verhallt' diese Kommunikation; sie bleibt unter den Beteiligten. Nachdem sie ausgesprochen ist, verliert sie ihre Relevanz. Anders dagegen im Internet: Alle Äußerungen werden gespeichert, ausgewertet und zu Profilen zusammengesetzt, um sie zu einer nachgeordneten Kommunikation zu verwenden, die Dritte/Außenstehende initiieren, z. B. die werbetreibende Industrie. Und gerade die ungefilterte und zwanglose ,Nebenbei-Kommunikation' zeigt viel offensichtlicher, wer wir sind, und nicht, wer wir vorgeben zu sein. Seit Edward Snowden ist bekannt, dass alle Daten gesammelt und ausgewertet werden. Nun aber baut China mit seinem Plan eines „Sozialkreditsystems", das bis 2020 einsatzbereit sein soll, die nächste Stufe der Datennutzung auf: Hier werden Daten nicht mehr nur gesammelt und ausgewertet, vielmehr wird aus ihnen ein Bewertungssystem für Bürger (citizen score) entwickelt, der in verschiedenen Bereichen metrifiziert wird:

> Das Sozialkreditsystem erhebt den Anspruch, gerecht zu sein, denn es gelte für alle, auch für Parteimitglieder. Wer Bestnoten in Aufrichtigkeit erreicht, darf sich mit einem Triple A schmücken (der Kandidat hat dann 1050 Punkte). Er gilt als „Vorbild an Ehrlichkeit" und wird

mit schönen Erfolgsprämien belohnt. Bei einem hohen citizen score finden seine Kinder leichter einen Ausbildungsplatz, er selbst kommt schneller an einen Kredit, auch eine Beförderung winkt dem Glücklichen. Wer hingegen gesellschaftsschädigendes Verhalten zeigt, der darf nicht mehr erster Klasse Zug fahren und nicht mehr ins Flugzeug steigen, auch mit einem Visum wird es schwierig. Unter 555 Punkte sollte ein Bürger aber keinesfalls sinken; dann kommt er möglicherweise auf eine schwarze Liste, und ihm droht der soziale Tod. (Assheuer 2017: 47)

Da dies keine fiktive Dystopie ist, sondern in Planung und Umsetzung befindliche gesellschaftliche zukünftige (noch: chinesische) Realität, zeigt sich: Es gibt keine ‚irrelevante' Kommunikation im Netz, weil sie dem Individuum nicht mehr als unveräußerliches Recht zuerkennt, sondern für ökonomische bzw. politische Interessen missbraucht wird.

Als abschließendes Beispiel eines kommunikativen Nutzungsmusters, das spezifisch durch die Netzkommunikation aufgekommen ist, ist die offen zutage tretende ‚Verbalradikalisierung'. Hass-Kommentare, Online-Mobbing und Shitstorms sind Phänomene, die in der Vielfalt und Drastik zuvor unbekannt waren. Warum legen Menschen im Netz ein oft so ganz anderes sprachliches und kommunikatives Verhalten an den Tag, welches sie in der Realität wahrscheinlich nicht zeigen würden? Die Gründe dazu sind vielfältig und können nicht alle erschöpfend diskutiert werden. Aber neben offensichtlichen Argumenten wie der räumlichen Distanz (Abwesenheit des Kommunikationspartners) sowie der Schnelligkeit (hier gemeint als: niedrige Empathieschwelle) digitaler Kommunikation kommt etwas Erstaunliches hinzu: Die Politikerin Renate Künast gehört zu den prominenten Beispielen, die sich im Internet mit massiver Beschimpfung ihrer Person gegenüber auseinandersetzen muss. Sie hat dies zum Anlass genommen, die Absender der Nachrichten (die zum Teil mit Klarnamen kommunizieren) persönlich aufzusuchen (vgl. Stuff 2016). Der Artikel schildert, wie verblüfft die Angesprochenen reagiert haben und ihre Verwunderung darüber ausdrückten, dass Künast die Postings tatsächlich gelesen habe. Beteuert wurde durch Absender ebenfalls, den Inhalt gar nicht so böse gemeint zu haben. Aus derlei Aussagen lassen sich verschiedene Rückschlüsse ziehen:

- Bei der realen Abwesenheit des Kommunikationspartners werden vielfach gelernte und habitualisierte kommunikative Interaktionsmuster, die es z. B. den Interaktanten ermöglichen, auch bei einem kontroversen Meinungsaustausch ihr ‚Gesicht' zu wahren (vgl. Goffman 1994), nicht oder nur unzureichend aktiviert.

- Die Annahme, Mails oder Postings würden nicht wahrgenommen, zeugt von der impliziten Meinung, dass im Zeitalter von massenhafter Kommunikation der Einzelne sich kaum Gehör verschaffen könne (vgl. oben).
- Dass der versendete Inhalt ‚nicht so gemeint' war, deutet darauf hin, dass dem Sender „die Macht des Wortes" (vgl. Segerstedt 1947) im Hinblick auf den Adressaten nicht hinlänglich bewusst war.

Aus den genannten Beispielen, die ihrerseits weder in einer Vollständigkeit präsentiert noch interpretiert werden konnten, lassen sich diverse Schlussfolgerungen ableiten.

3. *Vorläufige Schlussbetrachtung*

Kommunikative Interaktion im Internet ist noch immer ein hochdynamischer Prozess. Aus diesem Grund verbieten sich abschließende Resümees. Aufs Ganze gesehen lässt sich gewiss konstatieren, dass niemand mehr das Rad der Internetentwicklung zurückdrehen wollte. Und es gibt viele gute Gründe, die dafür sprechen.

Gleichzeitig ist nicht zu leugnen, dass zahlreiche negative Erscheinungen den Einzelnen wie auch die Gesellschaft aufhorchen lassen. Diese kann sich nicht zufrieden geben mit Erscheinungen wie Shitstorms, Fake-News u. v. a. m. – alles sprachlich-kommunikative Entitäten, mit denen eine Gesellschaft lernen muss, umzugehen. Da fertige Rezepte noch nicht vorliegen (können), ist es meines Erachtens umso wichtiger, vorhandene zentrale Einsichten mit noch stärkeren Bemühungen zu vermitteln:

- *Sprachkompetenz* als Dreh- und Angelpunkt des Deutschunterrichts in allen Schulstufen und -formen. Dabei ist gleichzeitig das Bewusstsein zu fördern, dass wir
- *mit Sprache handeln*. Dieses Handeln kann bei dem oder den Adressaten ein erhebliches und nachhaltiges (und realitätsveränderndes) Folgeverhalten auslösen.
- Die Förderung *kommunikativer Empathie* (Reaktionen antizipieren lernen) ist wichtig, um so ein Bewusstsein für Folgeabschätzungen des eigenen sprachlichen wie kommunikativen Verhaltens aufzubauen.
- Ebenso den *Ausbau sprachlicher Register* (das Sprechen in der Öffentlichkeit ist ein anderes als im Privaten) fördern.

Abschließend soll kurz auf den Vortragstitel zurückgekommen werden: „Neue Chancen durch innovative Vielfalt oder Untergang des Abendlandes? Wie die Digitalisierung von Sprache und Kommunikation die Gesellschaft beeinflusst": Gegenwärtig können wir beide Aspekte identifizieren. Sowohl Elemente der Vielfalt als auch jene des Risikos sind zu erkennen. Aber das Ende ist bei weitem nicht absehbar. Von Bedeutung ist meines Erachtens, dass es jeder einzelne Teilnehmer einer Sprachgemeinschaft mit in der Hand hat, zu bestimmen, in welche Richtung die Entwicklung weitergehen soll.

Literatur

Ash, Timothy Garton (2016): Redefreiheit. Carl Hanser, München.

Assheuer, Thomas (2017): Die Big-Data-Diktatur. In: Die Zeit 49, S. 47.

Bernardy, Jörg (2014): Aufmerksamkeit als Kapital: Formen des mentalen Kapitalismus. Tectum, Baden-Baden.

Bourdieu, Pierre (1983): Ökonomisches Kapital – Kulturelles Kapital – Soziales Kapital. In: Kreckel, Reinhard (Hrsg.): Soziale Ungleichheiten. Schwartz & Co., Göttingen, S. 183–198.

Castells, Manuel (2003): Der Aufstieg der Netzwerkgesellschaft. Teil 1: Das Informationszeitalter. Springer, Opladen.

Döring, Nicola (1999): Sozialpsychologie des Internet. Die Bedeutung des Internet für Kommunikationsprozesse, Identitäten, soziale Beziehungen und Gruppen. Hogrefe, Göttingen.

Goffman, Erving (1994). Interaktionsrituale: Über Verhalten in direkter Kommunikation. Suhrkamp, Frankfurt am Main.

Haase, Martin; Huber, Michael; Krumeich, Alexander und Rehm, Georg (1997): Internetkommunikation und Sprachwandel. In: Weingarten, Rüdiger (Hrsg.): Sprachwandel durch Computer. Springer, Opladen, S. 51–85.

Hoberg, Rudolf; Eichhoff-Cyrus, Karin und Schulz, Rüdiger (Hrsg.) (2008): Wie denken die Deutschen über ihre Muttersprache und über Fremdsprachen? Eine repräsentative Umfrage der Gesellschaft für deutsche Sprache. Wiesbaden: Ges. für Dt. Sprache, GfdS : Duden, 2008.

Martin-Jung, Helmut (2018): Facebook spricht unser Reptilienhirn an. In: Süddeutsche Zeitung 30, S. 15.

Mau, Steffen (2017): Das metrische Wir. Über die Quantifizierung des Sozialen. Suhrkamp, Berlin.

Medienpädagogischer Forschungsverband Südwest (Hrsg.) (2017): JIM 2017. Jugend, Information, (Multi-)Media. Basisstudie zum Medienumgang 12- bis 19-Jähriger in Deutschland. Stuttgart (mpfs (Medienpädagogischer Forschungsverband Südwest), https://www.mpfs.de/fileadmin/files/Studien/JIM/2017/JIM_201 7.pdf).

Osel, Johann (2015): Frei Schnauze. In: Süddeutsche Zeitung am Wochenende 175, S. 2.

o. V. (2013): Schaffen wir das Komma ab, Herr Runkehl? In: Der Spiegel, 67 (39), S. 62.

Schlobinski, Peter (2005): Editorial: Sprache und internetbasierte Kommunikation – Voraussetzungen und Perspektiven. In: Siever, Torsten; Schlobinski, Peter und Runkehl, Jens (Hrsg.): Websprache.net. Sprache und Kommunikation im Internet. De Gruyter, Berlin/New York, S. 1–14.

Segerstedt, Torgny T. (1947): Die Macht des Wortes: Eine Sprachsoziologie. Pan-Verlag, Zürich.

Stuff, Britta (2016): Hass: Renate Künast besucht ihre Facebook-Kritiker. In: Der Spiegel 44.

Digitale Transformation: Zwischen technologischen Möglichkeiten und organisationalen Realitäten

Michael Beier und Sebastian Früh[1]

1. Einleitung

Digitale Kommunikationstechnologien werden mit zunehmender Geschwindigkeit und Komplexität weiterentwickelt und nehmen immer mehr Platz in verschiedenen Bereichen des Lebens ein. Damit verbunden findet sich unsere Gesellschaft seit geraumer Zeit in einer wohl längerfristig anhaltenden „Digitalen Transformation" wieder. So scheint eine Welt ohne digitale Technologien für die meisten Menschen kaum noch vorstellbar. Dabei bietet der ständige Strom an Neuerungen im Bereich digitaler Kommunikationstechnologien gleichermaßen Chancen für alle Beteiligten sowohl in der Sozialwirtschaft und im Nonprofit-Bereich als auch für neue Akteure von außerhalb, die sich dem Bereich vor allem von der technischen Seite her nähern. Entsprechend entsteht zunehmend ein gewisser Druck auf die etablierten Organisationen, sich hinreichend intensiv mit diesen Neuerungen zu befassen. Aber wie soll man dem Ganzen begegnen?

Vordergründig betrachtet erscheint das Thema aus „nicht-technischer" Sicht nur schwer greifbar. So erscheinen die relevanten Entwicklungen derzeit vor allem getrieben von Technologien im Hightech-Bereich (z. B. „Künstliche Intelligenz", „Blockchain", „Augmented Reality"). Entsprechend besteht die Gefahr, dass Beteiligte und Betroffene in etablierten Organisationen der Sozialwirtschaft sich nicht eindringlich genug damit befassen. Allerdings geht es bei Digitaler Transformation nicht nur um einzelne Technologien und damit verbundene Anwendungen. Vielmehr geht es um technologieinduzierte Entwicklungen der letzten Jahrzehnte, deren

1 *Dr. Michael Beier*, Senior Research Scientist, Kompetenz-Schwerpunkt „Digitale Strategien" am Schweizerischen Institut für Entrepreneurship (SIFE) der Fachhochschule Graubünden, Schweiz. E-Mail: michael.beier@fhgr.ch.
Sebastian Früh, Projektleiter, Kompetenz-Schwerpunkt „Digitale Strategien" am Schweizerischen Institut für Entrepreneurship (SIFE) der Fachhochschule Graubünden, Schweiz. E-Mail: sebastian.frueh@fhgr.ch.

Gesamtmuster an Auswirkungen zunehmend Druck auf die Anpassungsfähigkeit und -geschwindigkeit von Organisationen machen. Dies macht auch immer weniger Halt vor der Sozialwirtschaft. Demgemäß ist es wichtig, dass etablierte Organisationen auch in diesem Bereich hinreichend informiert sind über relevante Entwicklungen im Rahmen der Digitalen Transformation und sich vorbereiten können auf damit verbundene organisationsinterne Herausforderungen.

Vor diesem Hintergrund gehen wir in diesem Beitrag in vier Schritten vor. So stellen wir in einem ersten Schritt eine kompakte, aber breit angelegte Definition des Begriffs "Digitale Transformation" voran (Teil 2). In einem weiteren Schritt (Teil 3) bieten wir dann eine Gesamtsicht auf relevante Entwicklungen in der digitalen Kommunikationstechnologie, die in größeren Zusammenhängen aufzeigt, wie die Digitale Transformation die relevante Umwelt und die Wettbewerbssituation von Organisationen und Unternehmen verändert (hat). Dabei wird aufgezeigt, wie technologische Veränderungen vielerlei Möglichkeiten für die Zukunft bieten. Gleichsam wird aber auch erarbeitet, inwieweit sich etablierte Organisationen der Sozialwirtschaft und im Nonprofit-Bereich im Rahmen der Digitalen Transformation neu positionieren müssen. In einem weiteren Schritt (Teil 4) wird dann aufgezeigt, welchen zentralen Herausforderungen sich Organisationen dabei intern gegenübersehen, wenn es um eine derartige Neupositionierung und die Realisierung der Potenziale digitaler Aktivitäten in der eigenen Organisation geht. Abschließend ziehen wir ein Resümee.

2. Digitale Transformation

Seit einiger Zeit ist in vielen Bereichen und Arbeitsgebieten die Rede von der sogenannten Digitalen Transformation. Allgemein kann Digitale Transformation definiert werden als ein andauernder Veränderungsprozess der Gesellschaft (sowie der Individuen und Organisationen in dieser), der durch digitale Technologien und deren stetige Weiterentwicklung vorangetrieben wird (vgl. Schallmo und Rusnjak 2017: 3 ff.). Im Kern äußert sich dieser Prozess in einer zunehmenden Vernetzung aller beteiligten Menschen und Geräte. Dabei werden zum einen immer mehr menschliche und technische Akteure miteinander verbunden. Zum anderen nehmen aber auch der Umfang und die Intensität aller Interaktionen zwischen diesen immer weiter zu. Es ist offensichtlich, dass es dabei um Veränderungen geht, die sich aus digitaler Technologie heraus ergeben. Dennoch ist der Begriff in seiner ganzen Tragweite relativ schwer zu fassen. Zu umfangreich und komplex sind die Einflussfaktoren auf das Phänomen sowie dessen Auswirkungen.

3. Entwicklungsschritte digitaler Kommunikationstechnologie

Aus einer Perspektive digitaler Vernetzung betrachtet, ist es wichtig, sich drei zentrale Entwicklungsschritte digitaler Kommunikationstechnologien zu vergegenwärtigen. Jeder dieser Schritte hat grundlegend verändert, welche Akteure auf welche Art digital miteinander vernetzt sind. Ausgangspunkt der Betrachtung ist eine rein analoge Welt in der Vergangenheit, in der Menschen und Organisationen Beziehungen über klassische, analoge Kanäle anbahnten und pflegten (vgl. Beier 2018: 103). Hierbei standen zur bilateralen Kommunikation zum einen direkte, persönliche Interaktionen zwischen Anwesenden im Vordergrund („Face-to-Face") sowie Interaktionen, die über analoge Medien wie Telefon und Fax vermittelt wurden. Zum anderen gab es Medienkanäle zur Massenkommunikation wie Fernsehen, Radio und Zeitungen. Oder aber es konnten auch größere Personenmehrheiten in Veranstaltungen zur persönlichen Kommunikation erreicht werden. Dazu ist ebenfalls anzumerken, dass in diesem Stadium so etwas wie Mund-zu-Mund-Propaganda vor allem im kleinen Personenkreis bei Treffen unter Freunden und Bekannten stattfand und entsprechend lokal bzw. zahlenmäßig stark eingegrenzt war (vgl. Meuter et al. 2013: 242). Seit der umfangreichen Einführung von Computern und Systemen der elektronischen Datenverarbeitung wurden zwar bereits Prozesse in Organisationen auf digitale Systeme übertragen („digitalisiert") – so wurden Computer und Software bereits in den 1970er Jahren zum wesentlichen Bestandteil der Arbeitsmittel von Organisationen (vgl. Steglich 2016: 93) –, die Digitale Transformation fing allerdings erst dann richtig an, als neue Kommunikationsnetzwerke es auch erlaubten, dass Systeme in großem Umfang und mit großer Kapazität über die Organisationsgrenzen hinaus vernetzt werden konnten. Dies bezieht sich insbesondere auch auf die kleinteilige Vernetzung mit (privaten) Einzelpersonen und deren persönlichen Geräten außerhalb der Organisation.

3.1 Web 1.0, Web 2.0 und darüber hinaus

Ein erster zentraler Entwicklungsschritt Digitaler Transformation ergab sich aus der Entwicklung des Internets *(Web 1.0)*. Dieses ermöglichte in seiner ursprünglichen Form allerdings vornehmlich das Anlegen statischer Internetseiten, die von anderen Akteuren lediglich gelesen werden oder aber im Rahmen des eCommerce zum Suchen und Kaufen von dort angebotenen Waren genutzt werden konnten (vgl. Morris und Ogan 1996). Zentrales Merkmal ist dabei, dass den Rezipienten der Internetseiten eine relativ passive Rolle zukam, da sie quasi keinen Einfluss auf die angezeigten Inhalte der Seiten hatten („Read-only"). Auch gab es auf den Seiten für deren Besucher kaum Möglichkeiten, untereinander zu interagieren (vgl. Aghaei et al. 2012: 2). Entsprechend wurde in diesem Stadium das Internet von Personen und Organisationen zum einen dazu genutzt, die eigene physische Präsenz um eine oder mehrere weitere virtuelle Präsenzen (meist in Form einer eigenen Homepage) zu erweitern (vgl. Beier 2018: 104). Darüber hinaus wurden die einfachen Möglichkeiten der digitalen Vernetzung dazu genutzt, bestehende Kanäle digital zu erweitern: So wurde beispielsweise bilaterale Kommunikation per Brief digital als E-Mail umgesetzt. Offene Massenkommunikation wurde über Werbe-Banner auf Internetseiten (analog zu Plakatwerbung und Zeitschriftenanzeigen) sowie Online-PR (als Gegenstück zu klassischen Public Relations über Massenmedien und Events) digital ergänzt. Insgesamt zeigten sich damit neue Möglichkeiten der digitalen Kommunikation. Diese folgten allerdings strukturell vornehmlich den alten Interaktionsmustern, so wie sie bereits aus der analogen Zeit bekannt waren (vgl. Aghaei et al. 2012: 1). So hat in diesem Stadium der Entwicklung die datenbasierte Beobachtbarkeit von Interaktionspartnern zwar schon erheblich zugenommen (z. B. konnte das Nutzungs- und Kaufverhalten im eCommerce genau beobachtet und ausgewertet werden), Interaktionen der Nutzer untereinander und offene Meinungsäußerungen im Sinne einer Mund-zu-Mund-Propaganda blieben bis dahin allerdings noch weitgehend ausgeschlossen von der digitalen Kommunikation (vgl. Meuter et al. 2013: 241).

Der zentrale Kern des zweiten Entwicklungsschrittes digitaler Kommunikationstechnologie liegt in einer Veränderung der Strukturen, wie Akteure über digitale Kanäle kommunizieren. So können im *Web 2.0* Akteure (Personen oder Organisationen) auf nicht-eigenen Seiten (z. B. in Sozialen Netzwerken oder auf Plattformen) eigene Profile anlegen und über diese Inhalte veröffentlichen oder mit anderen Profilen Nachrichten austauschen oder verschiedene Formen von Verbindungen eingehen (vgl. Kaplan und Haenlein 2010: 61). Dabei geht das Zusammenspiel von Funktionalitäten aus Social Media und eCommerce im Web 2.0 mittlerweile sogar soweit, dass z. B. Projektinitiatoren auf Crowdfunding-Plattformen sich und ihre Projekte präsentieren, sich untereinander vernetzen und Nachrichten veröffentlichen, Finanzierungen einwerben und Produkte vertreiben können, ohne dafür selbst auch nur eine einzige eigene Internetseite betreiben zu müssen (vgl. Beier und Wagner 2015, 2016a). Neue Elemente der erweiterten Online-Infrastruktur im Web 2.0 sind die vielfältigen Möglichkeiten für deren Nutzer, eigene Profile anzulegen, sich untereinander zu vernetzen (Soziale Netzwerke) sowie eigene Inhalte (User Generated Content) zu veröffentlichen (vgl. Kaplan und Haenlein 2010: 61). Insgesamt haben sich damit die Komplexität der Vernetzung und die Dynamik der Interaktionen enorm gesteigert. Dabei haben sich insbesondere die Kapazität und der Einfluss von Mund-zu-Mund-Propaganda (im digitalen Kontext bzw. in der englischsprachigen Literatur oft als „Word of Mouth", WOM, bezeichnet) auf die Verbreitung von Informationen erheblich ausgeweitet (vgl. Meuter et al. 2013: 241). Entsprechend ist für die Verbreitung von Informationen im Web 2.0 von besonderer Bedeutung, inwieweit Rezipienten gewillt sind, gelesene Inhalte und erhaltene Nachrichten an ihre Kontakte weiterzugeben. Dies spiegelt sich wider in der besonderen Bedeutung von Viralität von Inhalten und Formaten sowie der Herausforderung, dass eine Organisation sich zunehmend „verdienen" muss, dass ihre Inhalte in digitalen Netzwerken Verbreitung finden („earned media") (vgl. Beier 2018: 114). Dies führt in letzter Konsequenz für alle Organisationen zu einer gesteigerten Bedeutung jedes einzelnen Stakeholders. Diese haben nun nicht mehr nur die Rolle eines potenziellen oder aktuellen Leistungsbeziehers, Förderers oder Kunden inne, sondern sind auch immer wichtiger als aktive Kommunikatoren für die Outbound-Kommunikation einer Organisation (vgl. Johansen et al. 2016: 291 f.) sowie als Informationsquelle für die weitere Entwicklung von Strategien, Geschäftsmodellen und Leistungsangeboten (vgl. Beier et al. 2013: 21 ff.).

Neben den aufgezeigten Erweiterungen der Web-2.0-Technologie wurde in einem weiteren Schritt der Digitalen Transformation die Vernetzung aller Akteure durch verschiedene technologische Neuerungen weiter ausgeweitet: So hat in den letzten Jahren vor allem die zunehmende Verbreitung von Smartphones die Interaktionsintensität vieler Menschen nochmals enorm gesteigert (vgl. Leimeister 2015: 2 f.). Zu der Zeit als die ersten Web-2.0-Technologien in großem Umfang eingeführt wurden, war ihre Anwendung für die Nutzer noch an einen PC und eine stationäre Internetverbindung gebunden. Entsprechend wurden viele digitale Services lediglich zuhause oder am Arbeitsplatz genutzt. Mit der Einführung von Smartphones und der damit verbundenen, zunehmenden mobilen Internetnutzung konnten diese von da ab jederzeit und an jedem Ort für Interaktionen unter den Beteiligten genutzt werden. Dies hat bei den meisten Beteiligten zu einer erheblichen Zunahme der Interaktionsfrequenz (z. B. in Form von zusätzlichen Social-Media-Posts und Messenger-Nachrichten) sowie der Interaktionsintensität (z. B. über Video-Telefonate) geführt (vgl. Alt und Reinhold 2012: 281). Letztlich wurden aus den ursprünglichen ersten Mobiltelefonen kleine Computer mit Mobilfunk- und Internetanschluss („Smartphones"), auf denen eine Vielzahl von Applikationen („Mobile Apps") installiert und genutzt werden kann (vgl. Alkassar et al. 2012: 176 f.). Zudem ergaben sich neue Nutzungsszenarien in konkreten Freizeitaktivitäten oder im Urlaub (vgl. Beier und Aebli 2016: 550 f.) und es wurden neue Anwendungen entwickelt, die die Lokalisierung der mobilen Internetnutzer an einem bestimmten Ort mit einbezogen (vgl. Schmitz Weiss 2013: 435 f.). Weiterführende Ausweitungen der Vernetzung ergaben sich darüber hinaus im Folgenden durch den Einbezug von weiteren mobilen Internetverbindungen, die z. B. Kleidung („Wearables") oder Haushaltsgeräte („Internet of Things") als Akteure mit in die digitale Vernetzung einbinden und ihnen Rollen als eigenständige Akteure in dieser zukommen lassen (vgl. Swan 2012: 217 ff.). Zudem wird die Komplexität und der Automatisierungsgrad der digitalen Intermediation über „Smart Contracts" und Blockchain-Technologien auch in Zukunft nochmals enorm gesteigert werden (vgl. Nofer et al. 2017: 183 ff.). Ein Ende der aufgezeigten Entwicklungsrichtungen ist damit noch nicht abzusehen.

3.2 Auswirkungen Digitaler Transformation

Aus den aufgezeigten Entwicklungen in der digitalen Kommunikationstechnologie ergeben sich direkte Auswirkungen auf die Art und Weise, wie Menschen und Organisationen interagieren, wie z. B. eine Reduktion der Bedeutung geografischer Nähe oder hohe Skalierbarkeit in der Kommunikation (vgl. Beier 2018: 104 f.). Diese wiederum sind wichtige Voraussetzungen dafür, wie aus den technologischen Veränderungen der Digitalen Transformation konkret Chancen und Risiken für Organisationen und Unternehmen entstehen. Im Folgenden sollen deshalb einige Auswirkungen der veränderten Vernetzung von Menschen und Organisationen im Rahmen der Digitalen Transformation etwas genauer betrachtet werden:

Skalierbarkeit und Netzwerkexternalitäten: Digitale Kommunikationsaktivitäten weisen eine sehr hohe Skalierbarkeit im Vergleich zu analogen Aktivitäten auf (vgl. Varian 1999: 137). Hohe Skalierbarkeit meint dabei die Fähigkeit eines Systems, die Kapazität der Leistungserbringung umfangreich und einfach steigern zu können (vgl. Bondi 2000: 195). So ist bei Plattformen und Mobile Apps der initiale Entwicklungsaufwand zwar relativ hoch (hohe „First-Copy-Costs" im Vergleich zu einfachen, analogen Interaktionen). Einmal im Einsatz, nehmen die Betriebskosten bei der Ausweitung der Nutzerzahl dann allerdings nur noch unwesentlich zu. Dies führt zu einer starken Degression der Kosten pro User bei zunehmenden User-Zahlen. Darüber hinaus weisen die meisten digitalen Kommunikationstechnologien bzw. die darauf basierenden Services sogenannte Netzwerkexternalitäten auf. Netzwerkexternalitäten ergeben sich immer dann, wenn der Nutzen eines Anwenders einer Dienstleistung oder eines Produktes durch jeden weiteren Anwender signifikant gesteigert wird (vgl. Katz und Shapiro 1985: 484). So steigt beispielsweise der Nutzen eines sozialen Online-Netzwerkes für jeden Teilnehmer mit jedem weiteren Teilnehmer. Netzwerkexternalitäten sind kein Phänomen ausschließlich in Bezug auf digitale Technologien. Ein recht eingängiges Beispiel ist der klassische Telefonanschluss. Dieser wird für jeden Teilnehmer umso wertvoller, je mehr andere Personen auch über einen Telefonanschluss (im gleichen Telefonnetz) verfügen. Während Skaleneffekte sich mit jedem weiteren Nutzer positiv (senkend) auf die Kosten pro Anwender auswirken, wirken sich Netzwerkexternalitäten positiv (steigernd) auf den Wert aus, den jeder Anwender bei der Nutzung empfindet. Beide Mechanismen führen dazu, dass sich enorme Größenvorteile in Bereichen ergeben, wo digitale Kommunikationstechnologien zur Vernetzung der Beteiligten eingesetzt werden. Entsprechend sind für die anbietenden Organisationen hohe Nutzerzahlen sehr wichtig für die Positionierung der meisten digitalen Services gegenüber Wettbewerbern. Dadurch, dass in digitalen Netzwerken geografische Distanzen kaum noch eine Rolle spielen, geht die Ausweitung des Wettbewerbs in vielen Bereichen soweit, dass sogenannte Winner-takes-it-all-Märkte entstehen, in denen letztendlich ein Anbieter (siehe z. B. Amazon, Google, Facebook) den Großteil des Marktes für sich einnimmt (vgl. Kuchinke und Vidal 2016: 582 f.). Dies führt in vielen Bereichen zu einem erheblichen Druck auf die Akteure einer Branche, allgemeine Lösungen für möglichst viele Nutzer anzubieten. Umgekehrt macht dies die Positionierung für spezialisierte Organisationen in thematischen oder regionalen Nischen zunehmend schwerer. Entsprechend ist aber gerade die Entwicklung derartiger Nischenmärkte oder das Herausarbeiten thematischer und regionaler Wettbewerbsvorteile erforderlich, um gegen internationale Akteure aus dem Technologiebereich zu bestehen. Insbesondere vor diesem Hintergrund müssen sich derzeit auch viele etablierte Organisationen der Sozialwirtschaft und im Nonprofit-Bereich neu positionieren.

Umfangreiche Verfügbarkeit digitaler Daten: Eine weitere wichtige Eigenschaft digitaler Kommunikationstechnologie ist die umfangreiche Verfügbarkeit digitaler Daten. Diese stehen vor (und während) den Aktivitäten einer Organisation zur Verfügung, werden aber auch durch Aktivitäten einer Organisation und deren Stakeholdern fortlaufend erzeugt. So können z. B. Kommunikationsaktivitäten aber auch digitale Aktivitäten in der Leistungserbringung genau auf bestimmte Zielgruppen oder sogar einzelne Rezipienten abgestimmt werden. Beispielsweise ist es möglich, über ein sogenanntes Targeting die Treffgenauigkeit bei den zu erreichenden Zielgruppen erheblich zu erhöhen (vgl. Bauer et al. 2011: 8). So erlauben die Daten, die in Sozialen Netzwerken wie Facebook oder LinkedIn über die Nutzer bekannt sind, ein genaues Adressieren von Werbeanzeigen nach spezifischen Eigenschaften oder Interessen der Personen, denen diese angezeigt werden. Ebenso erlaubt eine bessere Datenverfügbarkeit ein sehr hohes Maß automatisierter Anpassungen an individuelle Kundenbedürfnisse (sogenannte Mass Customization) bei der Ausführung digitaler Prozesse und bei der Auslieferung digitaler Produkte (vgl. Salvador et al. 2009: 72). Umgekehrt können aber auch sehr viele Daten aus den Interaktionen mit den einzelnen Zielgruppen direkt erfasst und zeitnah ausgewertet werden. Dadurch besteht auch die Möglichkeit, in vorsichtigen Experimenten die eigenen Kommunikationsaktivitäten schrittweise zu optimieren. Dazu werden diese systematisch variiert, um genauere Verhaltensweisen, Präferenzen und Reaktionen in einzelnen Zielgruppensegmenten zu beobachten (vgl. Beier 2016: 3 f.). Diese Art des Lernens befähigt Organisationen heutzutage wesentlich spezifischer auf die Wünsche und Vorlieben ihrer einzelnen Zielgruppen einzugehen. Dazu ist allerdings ein wohlabgestimmtes Miteinander über Hierarchieebenen hinweg erforderlich. Nur so gelingt ein agiles Wechselspiel zwischen strategischen Vorgaben und operativen Ergebnissen bzw. Erkenntnissen aus den Daten der operativen Ausführung. Derartige Prozesse sind aus dem Online-Bereich z. B. als „A/B-Testing" bekannt. Bei diesem Vorgehen werden etwa digitale Services auf Internetseiten oder in Mobile Apps systematisch in kleinen Schritten variiert, um aus den jeweils resultierenden Veränderungen im Nutzerverhalten zu lernen (vgl. Kohavi und Thomke 2017: 76 f.). Entsprechend ist allerdings aus dieser Perspektive eine Abkehr von der Vorstellung erforderlich, dass alles Relevante bereits vor den neuen Aktivitäten einer Organisation bekannt ist und dass diese demnach vorab genau und weitläufig geplant werden könnten. Vielmehr sind digitale Aktivitäten in gewisser Weise als Experimente zu verstehen und durchzuführen. Dies erfordert im heutigen Wettbewerbsumfeld Anpassungen in der Strategieentwicklung, im Projektmanagement aber auch in der Führung von Organisationen.

Fragmentierte Wertschöpfungsketten: Aus den aufgezeigten Veränderungen in der Kommunikation ergeben sich zudem umfangreiche Implikationen auf die Wettbewerbssituationen der Organisationen eines Bereiches. So werden insbesondere die Wertschöpfungsketten zunehmend fragmentiert. Dadurch, dass in vielen Bereichen Prozesse immer umfangreicher und organisationsübergreifender über digitale Daten abgebildet werden, sind immer mehr Parteien sowohl an der Zielgruppenansprache als auch bei der Leistungserbringung über digitale Kanäle beteiligt. Dies ermöglicht es Seiteneinsteigern (meist aus einem technischen Umfeld), sich auf einzelne attraktive Teile der Wertschöpfungskette in einer Branche zu spezialisieren und damit sehr fokussiert und sehr profitabel zu agieren. Ein einfaches Beispiel dafür sind Zeitungen. Klassisch gedruckte Zeitungen sind Sammlungen von Artikeln, die ein Kunde als Ganzes kauft. In einer Online-Umgebung dagegen kann der Leser frei nach Artikeln verschiedenster Online-Zeitungen suchen, z. B. über die Google-Suche. Genau derartige Suchdienstleistungen in digitalen Umgebungen sind ein spezialisiertes Angebot von Google. Damit ermöglicht die Suchmaschine dem Internetnutzer in Bezug auf journalistische Produkte das Finden themenspezifischer Artikel aus einer Unmenge an Internet-Publikationen von verschiedenen Herausgebern (vgl. Bakker 2012: 631). Andererseits partizipiert Google mit seinem eigenen werbefinanzierten Geschäftsmodell an einer journalistischen Dienstleistung, ohne selbst dazu Inhalte erzeugen zu müssen. Einher gehen mit dieser Art von Entwicklungen Tendenzen der „Re-Intermediation" in vielen Branchen (vgl. Beier 2018: 106 ff.). Inwieweit dies fair oder wünschenswert ist, soll an dieser Stelle nicht betrachtet werden. Das Beispiel zeigt aber recht einfach auf, wie technologische Spezialisten sich attraktive Stücke aus einer digitalen Wertschöpfungskette herausnehmen können und in einem dazu passenden Geschäftsmodell monetarisieren können (vgl. Teece 2010: 178 f.). Entsprechend sind Zeitungen kein Einzelfall: Etablierte Organisationen, die auf die Vermittlung zwischen mehreren Anbietern und einer Vielzahl von Nachfragern spezialisiert sind, erhalten zunehmend Konkurrenz von digitalen Mitbewerbern in ihren Stammgebieten: Dies betrifft z. B. Reisebüros, Buchhandlungen, Banken, Fernsehen, Verlage (vgl. Beier 2018: 107 ff.). Aufgrund der klaren Profitorientierung derartiger Aktivitäten war der For-Profit-Bereich die erste Eintrittsstelle für derartige Aktivitäten. Letztendlich bietet aber auch die Sozialwirtschaft bzw. der Nonprofit-Bereich vielfältige Anknüpfungspunkte für spezialisierte, digitale Neueinsteiger, die sich einzelne profitable Teile der Wertschöpfungskette herausnehmen und diese (teilweise versehen mit neuen Geschäftsmodellen und meist profit-orientiert) am Rande des Gesamtsystems betreiben. Aktuelle Beispiele finden sich vor allem bei Vermittlungen, Beratungen und Informationsangeboten in verschiedenen Bereichen von Gesundheit und Pflege, die über Online-Plattformen oder Mobile Apps bereitgestellt werden können (vgl. Otto et al. 2017: 15). Etwas allgemeiner gesehen, sind allerdings grundlegendere digitale Dienstleister wie beispielsweise Suchmaschinen (vor allem Google) und Social Media

(z. B. Facebook und YouTube) schon längst in die Stakeholder-Interaktion (und damit auch in die informationsbasierten Wertschöpfungsketten) der meisten Organisationen integriert. So werden über 85 Prozent des weltweiten Umsatzes im Bereich der Online-Werbung von Google und Facebook gemacht (vgl. Herrman 2016). Es ist zu erwarten, dass sich die Durchdringung aller Branchen mit technologischen Spartendienstleistern noch enorm ausweiten wird. Entsprechend stehen die beteiligten Organisationen vor der Frage, wie sie sich diesbezüglich in den sich verändernden Wettbewerbsumfeldern positionieren wollen (und können).

4. Organisationale Herausforderungen

Die aufgezeigten Veränderungen durch die Digitale Transformation bieten Organisationen im Nonprofit-Bereich erhebliche Möglichkeiten, ihre Zielgruppen in Zukunft effektiver und effizienter zu bedienen. Allerdings bieten sie auch vielfältige Einstiegspunkte für Unternehmen und Organisationen, die sich mit digitalen Technologien (z. B. mittels Online-Services, Mobile Apps und Plattformen) auf einzelne Aspekte der Leistungserbringung fokussieren. Vor diesem Hintergrund stehen Organisationen in der Sozialwirtschaft und im Nonprofit-Bereich derzeit vor der Frage, inwieweit es ihnen möglich erscheint, selbst neue technologiebasierte Leistungen anzubieten und inwieweit sie eher die Dienstleistungen und digitalen Services anderer Anbieter nutzen wollen, um ihr Geschäftsmodell enger an ihrem klassischen Kerngeschäft weiterzuentwickeln (vgl. Beier 2018: 110 ff.). In den bisherigen Ausführungen wurden verschiedenste technologische Entwicklungen und daraus resultierende Effekte in der Umwelt von Organisationen aufgezeigt. Welche Optionen sich im Rahmen der Digitalen Transformation letztendlich realisieren lassen, hängt allerdings auch davon ab, inwieweit eine Organisation die internen Herausforderungen meistern kann, die sich im Kontext der Digitalen Transformation ergeben. Im Folgenden werden deshalb drei organisationale Herausforderungen genauer betrachtet, die diesbezüglich von besonderer Bedeutung erscheinen:

4.1 Balance zwischen Bestehendem vs. Neuem

Eine zentrale Herausforderung Digitaler Transformation liegt für alle Organisationen in der Balance zwischen dem Betreiben der aktuellen Aktivitäten und dem Entwickeln neuartiger Aktivitäten für die Zukunft. Verein-

facht ausgedrückt stehen grundsätzlich alle Bestrebungen nach Neuerung-
en in einer Organisation im Widerspruch zu effektiven, effizienten und ri-
sikolosen Abläufen des Tagesgeschäfts im Status quo. In der Organisations-
wissenschaft wird dieses Spannungsfeld unter dem Begriffspaar „Exploration" (Neues entdecken) vs. „Exploitation" (Bestehendes nutzen) erfasst (vgl.
AOSB und Ebers 2017: 84 ff.). Eine Gegenüberstellung der beiden organisationalen Modi findet sich in Tabelle 1.

Eine Organisation fokussiert im Bereich der Exploitation auf bestehende Geschäftsmodelle, Ressourcen, Kompetenzen und Partnerschaften. Entsprechend bewegt man sich in einem vorab definierten Kontext und auf
bekanntem Gebiet. So geht es dabei vor allem um kleine Verbesserungs-
schritte, um in den bestehenden Aktivitäten die Effektivität und Effizienz
fortlaufend zu steigern (vgl. Ebers und Becker 2015: 11 f.). Aufgrund der
bekannten Anwendungskontexte und der bereits etablierten Prozesse stehen in diesem Modus vor allem eine umfangreiche Standardisierung und
die Steuerung über Regeln im Vordergrund. Dabei wird jegliches Scheitern in den Aktivitäten oder Zielerreichungsgraden als Misserfolg interpretiert. So werden in diesem Modus Organisationen nach Kennzahlensyste-
men geführt, die auf die plangemäße Erfüllung der Erwartungen z. B. in
Bezug auf Kosten- und Umsatzziele je Periode ausgerichtet sind. Diese Art
von Exploitation war für viele etablierte Organisationen lange Zeit der
Normalfall. Im Vergleich zu heute war die Wettbewerbsintensität und -dy-
namik in diesen Zeiten meist vergleichsweise gering. Wurde einmal eine
etablierte Positionierung in einem bestimmten Bereich erreicht, mussten
lediglich umfassende Veränderungen vorgenommen werden, wenn eine
Krise den Bestand der Organisation gefährdete (vgl. Romanelli und Tush-
mann 1994: 1156 ff.). Dann wurden in einer gewissermaßen erzwungen
Explorationsphase notwendige Veränderungen vorgenommen und man
kehrte nach der überstandenen Krise wieder zum stabilen und planbaren
Modus der Exploitation zurück. Dieses Muster war zu Zeiten und in Bereichen mit langsamer Umweltdynamik sehr effizient. So wurden auf diese
Weise Friktionen des Tagesgeschäfts lediglich in Kauf genommen, wenn
sie wirklich notwendig waren. Andernfalls konzentrierte man sich in Ruhe
auf die Optimierung der laufenden Aktivitäten.

Mit zunehmender Umweltdynamik in Bezug auf Veränderungen im relevanten Wettbewerbsumfeld wurde aber der Modus der Exploration über
die Jahre hinweg für Organisationen auch immer wichtiger. Die Digitale
Transformation hat dies nochmals erheblich verstärkt. Im Modus der Exploration versucht eine Organisation neuartige Potenziale auszuloten und
mögliche Geschäftsmodelle, Arbeitsgebiete und Arbeitsweisen für die Zukunft zu entwickeln. Dabei sind der Kontext, aber auch die anvisierten

Ziele weitaus offener und langfristiger als in der Exploitation. Entsprechend bestehen in diesem Modus kaum Möglichkeiten, Standardisierungen vorzunehmen oder enge Regeln vorzugeben. Vielmehr muss in einem offenen Innovationsprozess mit neuen Optionen und Ansätzen experimentiert werden (vgl. Ebers und Becker 2015: 11 f.). So ist in diesem Modus auch zu erwarten, dass Experimente scheitern. Nachteile aus gescheiterten Versuchen sind dabei entsprechend als notwendiger Preis für die Möglichkeit, zu lernen, zu verstehen. Ebenso ist bei Organisationen im Explorations-Modus auch ein lockerer Umgang mit der Steuerung und Regeln notwendig. Sollen Mitarbeitende auf kreative Weise neuartige Lösungen finden, so sind dazu weniger Regeln, aber dafür mehr Freiheiten erforderlich.

	Exploration	Exploitation
Ausrichtung	Neues entdecken	Bestehendes nutzen
Kontext	Unsicherer, offener Kontext	Definierter Kontext
Ziele	Langfristige Ziele gekoppelt an strategische Stoßrichtung: Positionierung in einem zukünftigen Wettbewerbsumfeld	Kurzfristige Ziele gekoppelt an aktuelle Aktivitäten: Effektivität und Effizienz steigern, Risiken reduzieren
Schrittweite	Radikale Veränderungsschritte	Inkrementelle Veränderungsschritte
Führung	Mehr Freiräume, weniger Regeln	Enge Steuerung, detaillierte Regeln
Vorgehen	Experimentieren	Standardisieren
Scheitern	Scheitern als Preis für die Möglichkeit, zu lernen	Scheitern als Misserfolg

Tab. 1: Gegenüberstellung der Charakteristika von Exploration und Exploitation (in Anlehnung an Ebers und Becker 2015: 11)

Betrachtet man die aufgezeigte Gegenüberstellung der Charakteristika von Exploration und Exploitation, so erscheint es naheliegend, dass die beiden Modi in vielerlei Hinsicht recht unterschiedlich und nur schwer zu kombinieren sind. Dennoch sind heutzutage beide Arten von Aktivitäten essenziell für den Fortbestand der meisten Organisationen. So stehen diese vor der Herausforderung, wie sie die gleichzeitige Ausführung von Aktivitäten in beiden Modi erfolgreich realisieren und koordinieren können (sogenannte Ambidextrie) (vgl. AOSB und Ebers 2017: 84). Dies gilt in der Digitalen Transformation mehr denn je. Dabei bieten sich verschiedene Organisationsformen an, die dieses Zusammenspiel bestmöglich unterstützen sollen: Neben integrierten Ansätzen innerhalb einer einzelnen Organisation besteht eine Möglichkeit auch darin, für Aktivitäten im Explorations-Modus eigene, gegebenenfalls externe Organisationseinheiten zu bilden. Dies kann von einer Organisation in der Sozialwirtschaft oder im Nonprofit-Bereich z. B. über einen eigenen bzw. von ihr (mit-)initiierten Inkubator (vgl. Gassmann und Becker 2006: 20 f.) oder ein entsprechendes Accelerator-Programm (vgl. Cohen und Hochberg 2014: 4 f.) umgesetzt werden. Eine Trennung explorativer Aktivitäten von der fokalen Organisation erlaubt es, Entwicklungsprojekte bestmöglich abgestimmt auf die jeweiligen Erfordernisse zu initiieren, ohne dass Spannungen in der Gesamtorganisation entstehen. Zudem ist es möglich näher an neue Kontexte heranzurücken (z. B. ein bereichsspezifisches Start-up-Ökosystem) und externe Entrepreneure in die eigene Organisationsentwicklung mit einzubinden.

Ein anderer vielversprechender Ansatz gerade für etablierte Organisationen sind Partnerschaften im Bereich von Forschung und Entwicklung (vgl. Ebers und Becker 2015: 13). Hierbei kann eine fokale Organisation sich ganz auf ihre Kernkompetenzen konzentrieren und bezieht die neuen Inputs von einem oder mehreren darauf spezialisierten Partnern ein. Neben technologischen Kompetenzen können dies auch Kompetenzen in Bezug auf neue Geschäftsmodelle oder ein besserer Zugriff auf bestimmte Zielgruppen sein. Hierbei kann die Kooperation zum einen als Projekt bei einer fokalen Organisation angesiedelt sein, die lediglich Inputs und Impulse von anderen Partnern aufnimmt. Zum anderen kann dies als kooperatives Forschungs- und Entwicklungsprojekt gemeinsam mit den Kooperationspartnern durchgeführt werden (siehe z. B. Vilain et al. 2017: 229 ff.).

4.2 Symbolischer vs. Funktionaler Gehalt von organisationalen Aktivitäten

Eine weitere Herausforderung von Organisationen im Rahmen der Digitalen Transformation ergibt sich im Spannungsfeld zwischen dem symbolischen und dem funktionalen Gehalt von digitalen Aktivitäten. Gemäß neoinstitutionalistischer Ansätze in der Organisationstheorie ist anzumerken, dass Entscheidungen in Organisationen nicht nur aufgrund von funktionalen Zweck-Mittel-Überlegungen getroffen werden (hier als „funktionaler" Gehalt bezeichnet). Einen weiteren wichtigen Einfluss auf diese Entscheidungen haben meist auch Versuche des Managements, Erwartungen und Vorstellungen relevanter Stakeholder der Organisation gerecht zu werden. Dabei wird den Stakeholdern allein durch die (symbolische) Ausführung von organisationalen Aktivitäten aufgezeigt, dass man erwartungsgemäß handelt, um die öffentliche Legitimität der Organisation zu stärken (vgl. Walgenbach 2014: 295 ff.).

In der Vergangenheit konnte verschiedentlich beobachtet werden, dass z. B. Entscheidungen über den Einsatz von Systemen der Informationsverarbeitung teilweise weniger aus Überlegungen funktionaler Verbesserungen in der Organisation getroffen wurden, als danach, dass sich eine „moderne" Organisation nicht erlauben konnte, von außen erkennbar auf die neuartigen Technologien zu verzichten (vgl. Walgenbach 2014: 296). Entsprechend kommt in Bezug auf den symbolischen Gehalt digitaler Aktivitäten eine besondere Rolle der Sichtbarkeit der jeweiligen Aktivitäten zu. Dies lässt sich in Bezug auf Digitale Transformation recht leicht am Beispiel von Social-Media-Aktivitäten von Organisationen veranschaulichen. So fällt es bislang immer noch vielen Organisationen schwer, durch eigene Social-Media-Aktivitäten in hinreichendem Maße betriebswirtschaftliche Mehrwerte zu erzielen oder strategisch zu entwickeln, wie dies erfolgen könnte. Demgegenüber erscheinen die Kosten und insbesondere erwartete Risiken derartiger Aktivitäten weitaus ersichtlicher (vgl. Beier und Wagner 2016b: 11 f.). Umgekehrt ist von außen aber oft auch nur schwer zu erkennen, in welchem Maße eine Organisation es tatsächlich schafft, über ihr Social-Media-Engagement funktionale Mehrwerte für sich zu generieren. Recht leicht ist dagegen auch für Außenstehende zu erkennen, in welchen Kanälen die Organisation „präsent" ist. Entsprechend neigen Organisationen zu einer „symbolischen Teilnahme" in publikumsträchtigen Social-Media-Kanälen, weil sie glauben, es sich nicht leisten zu können, dort nicht vertreten zu sein. Inwieweit sie diese tatsächlich für funktionale Zwecke einsetzen können, ist dabei dann erst einmal sekundär. So wurde beispielsweise in einer repräsentativen Erhebung bei kleinen und mittleren Unternehmen beobachtet, dass diese in Bezug auf die Nutzung eines eigenen Facebook-Profils das Ziel „Zeitgerechten Umgang mit Kommunikation und Technik signalisieren" für sich am umfassendsten erreicht sahen (vgl. Beier et al. 2013: 24 ff.). Alle 15 weiteren (funktionalen) Ziele für den Einsatz von Social Media erschienen ihnen dagegen weitaus schwerer zu erreichen. Im Nonprofit-Bereich wurde Ähnliches beobachtet, bei der Frage, ob eine Organisation die Nutzung einer Software-as-a-Service-(SaaS)-Plattform einführen möchte. Einer der wichtigsten Treiber der Entscheidung für die Nutzung der Plattform war dabei die Wahrnehmung, dass diese Nutzung von den relevanten Stakeholdern der Organisation inklusive der eigenen Mitarbeitenden und anderen Nonprofit-Organisationen auch wahrgenommen werden würde (vgl. Wright et al. 2017: 518).

Es ist wichtig anzumerken, dass funktionale und symbolische Aktivitäten nicht grundsätzlich im Widerspruch stehen oder sich gegenseitig behindern müssen. Letzten Endes sind Organisationen sowohl auf hinreichende Legitimität bei relevanten Stakeholdern als auch auf eine hinreichende Effektivität und Effizienz des Geschäftsmodells sowie dessen Umsetzung angewiesen (vgl. Walgenbach 2014: 303 f.). Eine besondere Herausforderung im Rahmen der Digitalen Transformation ergibt sich allerdings daraus, dass diese zwangsläufig beide Sichtweisen (funktionale vs. symbolische Orientierung von Aktivitäten) stärker miteinander kollidieren lässt. Bisher war es oftmals möglich, dass symbolische Aktivitäten ausgeführt wurden, ohne dass offen sichtbar wurde, dass diese funktional betrachtet nicht sonderlich nutzenstiftend waren. Der funktional orientierte Einsatz von digitalen Technologien erfordert allerdings (wie oben bereits aufgezeigt) in den meisten Fällen einen ständigen Abgleich von Situations- und Handlungsparametern mit daraus resultierenden Zielerreichungsgraden (vgl. Kohavi et al. 2007: 959 f.). So wird für digitale Aktivitäten oft ein exploratives Vorgehen mit datenbasierten Entscheidungen nahegelegt. Entsprechend kann nun aus funktionaler Sicht nicht mehr unbeobachtet bleiben, wenn Aktivitäten rein symbolisch ausgeführt werden, sobald funktionale Zielerreichungsgrade der Aktivitäten umfangreich analysiert und optimiert werden. Auf diese Weise ergibt sich ein Spannungsfeld zwischen digitalen Aktivitäten mit vornehmlich symbolischer Ausrichtung und dem funktional orientierten experimentellen Vorgehen mit datenbasierter Entscheidungsfindung. Vor diesem Hintergrund besteht die Möglichkeit, dass die symbolische Ausrichtung digitaler Aktivitäten die Realisierung funktionaler Vorteile aus diesen beeinträchtigt, und umgekehrt.

4.3 Koordination multidisziplinärer Anforderungen

Eine weitere Herausforderung Digitaler Transformation ergibt sich für Organisationen aus der Vielzahl und Vielfältigkeit von Disziplinen und Perspektiven, die relevante und notwendige Grundlagen und Einflüsse für das Gelingen digitaler Aktivitäten bereitstellen. Dabei liegen diese Disziplinen thematisch teilweise relativ weit auseinander: Seit Beginn der Anwendung von Computern und Systemen der Informationstechnik in Organisationen bedurfte es eines erfolgreichen Zusammenspiels aus technischen und betriebswirtschaftlichen Kompetenzen, damit entsprechende Vorhaben erfolgreich durchgeführt werden konnten. Um eine hinreichende Integration beider Ansätze zu fördern, wurde die Wirtschaftsinformatik als interdisziplinäres Forschungs- und Arbeitsgebiet eingeführt (vgl. Leimeister 2015: 9). Durch die Ausweitung digitaler Technologien in alltägliche Anwendungen hinein wurden darüber hinaus weitere Disziplinen immer relevanter. Beispielsweise erfordern experimentelle und analytische Ansätze zur Entwicklung und Betreibung digitaler Aktivitäten Kompetenzen in der Planung und Ausführung von Experimenten sowie in der Erhebung und Analyse von Daten (vgl. Kohavi et al. 2007: 959 f.). Derartige Kompetenzen folgen eher einer wissenschaftlichen Denkweise und dürften in vielen etablierten Organisationen oft noch relativ ungewohnt sein. Da es bei den meisten Analysen um Erkenntnisgewinne in Bezug auf Interaktionen und Beziehungen von Menschen geht, werden zudem auch verhaltens- und kommunikationswissenschaftliche sowie sozialpsychologische Kompetenzen in dieser Hinsicht immer bedeutsamer (vgl. Lemke et al. 2017: 499 f.).

Organisationen waren seit jeher mit der Frage befasst, wie verschiedene Sichtweisen unterschiedlicher Disziplinen und Abteilungen innerhalb der Organisation bestmöglich zu einer integrierten Gesamtsicht zusammengeführt werden können. Aus organisationstheoretischer Sicht sollten Entscheidungen grundsätzlich auf der jeweils niedrigsten Ebene angesiedelt werden, wo noch eine hinreichende Übersicht über die Gesamtproblemstellung samt aller relevanten Einflüsse und Auswirkungen besteht (vgl. Frese et al. 2011: 301). Da (wie weiter oben bereits aufgezeigt) enge Wechselwirkungen zwischen Strategien und Geschäftsmodellen von Organisationen und deren digitalen Aktivitäten bestehen, kann davon ausgegangen werden, dass der Umgang mit der Digitalen Transformation grundsätzlich auf Ebene der Leitung der Gesamtorganisation angesiedelt sein sollte. Allerdings zeigt sich derzeit ein Trend, dass die Gesamtleitung immer seltener der zentrale Treiber der Digitalen Transformation in Organisationen ist und dies immer häufiger der IT-Abteilung überlassen wird. So sahen beispielsweise 2017 lediglich 42 Prozent der vom Bitkom befragten Unternehmen die Geschäftsführung als einen Treiber digitaler Innovationsprojekte in der eigenen Organisation an (vgl. Bitkom 2017: 8). Demgegenüber wurde in 86 Prozent der Fälle die IT-Abteilung in dieser Rolle gesehen. Dabei hat sich das Missverhältnis im letzten Jahr verstärkt: Während die Zahlen für die Geschäftsführung innerhalb eines Jahres (von 2016 auf 2017) um neun Prozentpunkte gefallen waren, waren sie für IT-Abteilungen um acht Prozentpunkte gestiegen. Insgesamt kann darin eine Gefahr gesehen werden, dass Digitale Transformation zu sehr aus einer technischen Perspektive gesehen wird, und sich deshalb insbesondere die Organisationsleitung tendenziell aus dem Thema zurückzieht. Entsprechend bedeutsam werden die Fragen, wie Digitale Transformation in der Organisationsleitung verankert wird und welchem Selbstverständnis die organisationsinternen IT-Abteilungen folgen.

So stehen die Verantwortlichen für die Informationstechnologie in Organisationen vor ähnlichen Herausforderungen wie die Gesamtorganisati-

on. Einerseits sollen sie die aktuelle Technik möglichst günstig und frikti-
onsfrei bereitstellen (Exploitation). Andererseits wird zunehmend gefordert, dass Impulse für strategische Innovationen und neue Geschäftsmodelle aus der IT kommen (Exploration). Letztendlich steht damit die IT-Abteilung bzw. deren Leitung vor den gleichen Herausforderungen wie die Gesamtorganisation (wie bereits weiter oben beschrieben), beide Modi zu
kombinieren und in einem Zustand der Ambidextrie deren Vorteile für
die Organisation beizusteuern, ohne dass daraus signifikante Konflikte entstehen (vgl. Leonhardt et al. 2017: 979 f.). Derzeit sind viele Organisationen damit befasst, dieses Spannungsfeld aufzulösen. Eine mögliche Lösung wird darin gesehen, die Rolle eines klassischen Chief Information Officers (CIO) um die Rolle eines Chief Digital Officers (CDO) zu erweitern
(vgl. Haffke et al. 2016: 3 ff.). Aufgrund der offenen Sichtbarkeit und Pu-
blizität eines derartigen Schrittes kann die Einführung eines CDO von Organisationen zwar auch symbolisch genutzt werden, um intern wie extern
zu signalisieren, dass man sich mit den Herausforderungen der Digitalen
Transformation zukunftstauglich auseinandersetzt (vgl. Svejenova und Alvarez 2017: 136). Darüber hinaus bietet dies aber auch erhebliche funktionale Chancen. So kann ein gutes Zusammenspiel aus CIO und CDO zu
einer gelungenen Balance zwischen Exploration und Exploitation digitaler
Aktivitäten beitragen. Dabei kann einerseits der CIO als interner Dienstleister für IT-Services fungieren und seine Aktivitäten auf die Effektivität
und Effizienz der Informationstechnologie der Organisation im Status quo
orientieren (vgl. Leimeister 2015: 5). Andererseits kann der CDO sich auf
das Erkennen von relevanten internen und externen Entwicklungen konzentrieren (vgl. Leonhardt et al. 2017: 970 f.) sowie auf die Moderation der
resultierenden Veränderungen innerhalb der eigenen Organisation (vgl.
Haffke et al. 2016: 11). Dem CDO obliegt es dann auch, vielfältige Perspektiven verschiedener Disziplinen in der Strategie der Organisation und
deren Umsetzung zusammenzuführen. Die aufgezeigten Entwicklungen
sind allerdings bisher noch im Gange und können von Seiten der Forschung noch nicht eindeutig bewertet werden (vgl. Leimeister 2015: 5).

5. Resümee

In diesem Beitrag wurde versucht, eine möglichst umfassende Sicht auf die
Digitale Transformation im Kontext von Organisationen der Sozialwirtschaft zu bieten. Dazu wurde weitgehend abstrahiert von konkreten Technologien. Vielmehr wurde das Ausmaß der Gesamtentwicklung in der Gesellschaft aufgezeigt sowie konkrete Mechanismen, wie sich durch relevan-

te Entwicklungen in der digitalen Kommunikationstechnologie die Wettbewerbssituation für alle Unternehmen und Organisationen verändert hat.

Die Digitale Transformation und die damit verbundenen Neuerungen in der digitalen Kommunikationstechnologie bieten vielfältige Möglichkeiten für Organisationen der Sozialwirtschaft und im Nonprofit-Bereich. Gleichsam verändern sie aber auch die Wettbewerbssituationen, in denen diese tätig sind, und bieten Einstiegspunkte für neue und etablierte Unternehmen insbesondere aus dem Bereich digitaler Kommunikationstechnologien. Entsprechend nimmt der Druck auch für Organisationen der Sozialwirtschaft und im Nonprofit-Bereich zu, sich vor dem Hintergrund der bereits erfolgten und noch kommenden Entwicklungen im Rahmen der Digitalen Transformation neu auszurichten bzw. relevante Anpassungen vorzunehmen.

Bisher fällt es vielen Unternehmen und Organisationen allerdings noch schwer, notwendige Strategien für eine Neupositionierung in der Digitalen Transformation zu entwickeln bzw. diese effektiv und effizient umzusetzen. Dieser Beitrag folgt dabei der Vorstellung, dass diese Schwierigkeiten weniger als direktes Problem eines innovativen Umgangs mit digitalen Technologien zu verstehen sind. Vielmehr können einige der Herausforderungen mit der Digitalen Transformation als neue Ausprägungen bekannter Widerstandskräfte gegen organisationale Veränderungen aufgefasst werden. Entsprechend wurden in diesem Beitrag drei verschiedene organisationale Herausforderungen aufgezeigt, die umfangreiche Anpassungen im Rahmen der Digitalen Transformation maßgeblich behindern können.

Der Beitrag soll Organisationen der Sozialwirtschaft und im Nonprofit-Bereich letztendlich aber auch dazu motivieren, Lösungen für die Neupositionierung in der digitalen Transformation mehr bei sich und in bekannten Kontexten zu suchen, als diese ausschließlich in neuartigen Technologien zu vermuten. Letztendlich geht es in der Digitalen Transformation zum einen darum, die relevanten Veränderungen in der Organisationsumwelt zu identifizieren. Zum anderen müssen Organisationen aber auch grundsätzlich derart weiterentwickelt werden, dass sie eine höhere Anpassungsfähigkeit und -geschwindigkeit aufweisen, damit sie mit der Geschwindigkeit und der Komplexität der Entwicklungen im Umfeld mithalten können. Dabei ist der strategiekonforme Einsatz neuer Kommunikationstechnologien allerdings ein wichtiges Instrument.

Viele der aufgezeigten Anforderungen im Rahmen der Digitalen Transformation sind noch relativ neu für die meisten Organisationen (der Sozialwirtschaft und im Nonprofit-Bereich) und bisher konnten aus wissenschaftlicher Sicht lediglich einzelne Schritte und Versuche von „Early Adopters" beobachtet werden. Ähnlich wie im Text aufgezeigt, fällt es deshalb schwer, in solch einem Kontext wohlfundiert einfache Regeln für eine erfolgreiche Anpassung vorzugeben. Vielmehr geht es für etablierte Organisationen derzeit darum, dass sie sich der Sache bewusst stellen und sich im Rahmen ihrer Digitalen Strategie explorativ vorarbeiten. So wäre (konform zu den aufgezeigten Implikationen der Digitalen Transformation) zunächst im Rahmen einer Digitalen Strategie eine grobe Stoßrichtung vorzugeben, wie die eigene Organisation vor dem Hintergrund der sich ändernden Wettbewerbssituation neu ausgerichtet werden soll. Innerhalb dieses Rahmens wäre dann genug Freiraum geboten, um in explorativen Projekten und Initiativen verschiedene Optionen (z. B. auch auf Basis verschiedener Technologien und digitaler Kanäle) zu testen. Dabei wäre strategisch allerdings auch wichtig zu unterscheiden, inwieweit einzelne Aktivitäten symbolisch oder funktional ausgerichtet sind.

Literatur

Alt, Rainer und Reinhold, Olaf (2012): Social-Customer-Relationship-Management (Social-CRM). In: Wirtschaftsinformatik, 54 (5), S. 281–286.

Aghaei, Sare; Nematbakhsh, Mohammad Ali und Farsani, Hadi Khosravi (2012): Evolution of the World Wide Web: From WEB 1.0 to WEB 4.0. In: International Journal of Web and Semantic Technology 3 (1), S. 1–10.

Alkassar, Ammar; Schulz, Steffen und Stüble, Christian (2012): Sicherheitskern(e) für Smartphones: Ansätze und Lösungen. In: Datenschutz und Datensicherheit-DuD 36 (3), S. 175–179.

AOSB (Arbeitskreis Organisation der Schmalenbachgesellschaft für Betriebswirtschaft) und Ebers, Mark (2017): Organisationsmodelle für Innovation. In: Schmalenbachs Zeitschrift für betriebswirtschaftliche Forschung, 69 (1), S. 81–109.

Bakker, Piet (2012): Aggregation, Content Farms and Huffinization: The Rise of Low-Pay and No-Pay Journalism. In: Journalism Practice 6 (5/6), S. 627–637.

Bauer, Christoph; Greve, Goetz und Hopf, Gregor (2011): Online Targeting und Controlling. Gabler, Wiesbaden.

Beier, Michael (2016): Startups' Experimental Development of Digital Marketing Activities. A Case of Online-Videos. In: Social Science Research Network (SSRN) Electronic Journal, Paper: 2868449.

Beier, Michael (2018): Digitale Strategien für Nonprofit-Organisationen Anfang des 21. Jahrhunderts. In: Vilain, Michael und Wegner, Sebastian (Hrsg.): Crowds, Movements & Communities?! Potenziale und Herausforderungen des Managements in Netzwerken. Tagungsband zum Social Talk 2017. Nomos, Baden-Baden, S. 101–118.Beier, Michael und Aebli, Annika (2016): Who Uses Mobile Apps Frequently on Vacation? Evidence from Tourism in Switzerland. In: Inversini, Alessandro und Schegg, Roland (Hrsg.): Information and Communication Technologies in Tourism 2016. Springer International Publishing, Cham, S. 549–562.

Beier, Michael; Früh, Sebastian und Wagner, Kerstin (2013): Social Media Aktivitäten von KMU in der Ostschweiz. Forschungsbericht des Schweizerischen Instituts für Entrepreneurship, HTW Chur. In: Social Science Research Network (SSRN) Electronic Journal, Paper: 2423818.

Beier, Michael und Wagner, Kerstin (2015): Crowdfunding Success: A Perspective from Social Media and Ecommerce. In: Proceedings of the 36th International Conference on Information Systems (ICIS). TX, Fort Worth.

Beier, Michael und Wagner, Kerstin (2016a): User Behavior in Crowdfunding Platforms. Exploratory Evidence from Switzerland. In: Proceedings of the 49th Hawaii International Conference on System Sciences (HICSS). Kauai, Hawaii, S. 3584–3593.

Beier, Michael und Wagner, Kerstin (2016b): Social Media Adoption: Barriers to the Strategic Use of Social Media in SMEs. In: Proceedings of the European Conference on Information Systems (ECIS). Istanbul, Turkey.

Bitkom (2017): Trendstudie Digitalisierung: Deutschland endlich auf dem Sprung? Bitkom Research im Auftrag von Tata Consultancy Services Deutschland GmbH.

Bondi, Andre B. (2000): Characteristics of Scalability and their Impact on Performance. In: Proceedings of the 2nd International Workshop on Software and Performance. Ottawa, Canada, S. 195–203.

Cohen, Susan G. und Hochberg, Yael V. (2014): Accelerating Startups: The Seed Accelerator Phenomenon. In: Social Science Research Network (SSRN) Electronic Journal, Paper: 2418000.

Ebers, Mark, und Becker, Ludger (2015): Organisation von Innovationen: Balance von Bestands- und neuartigen Geschäften. In: Audit Committee Quarterly 2015 (1), S. 11–13.

Frese, Erich; Graumann, Matthias und Theuvsen, Ludwig (2011): Grundlagen der Organisation: Entscheidungsorientiertes Konzept der Organisationsgestaltung. Springer Fachmedien, Wiesbaden.

Gassmann, Oliver und Becker, Barbara (2006): Towards a Resource-Based View of Corporate Incubators. In: International Journal of Innovation Management 10 (1), S. 19–45.

Haffke, Ingmar; Kalgovas, Bradley und Benlian Alexander (2016): The Role of the CIO and the CDO in an Organization's Digital Transformation. In: Proceedings of the European Conference on Information Systems (ECIS). Dublin, Ireland.

Herrman, John (2016): Media Websites Battle Faltering Ad Revenue and Traffic. In: New York Times. Online unter: https://www.nytimes.com/2016/04/18/busin ess/media-websites-battle-falteringad-revenue-and-traffic.html. Veröffentlicht am 17.04.2016. Abruf: 18.01.2018.

Johansen, Britt Forget; Johansen, Winni und Weckesser, Nina M. (2016): Emotional Stakeholders as "Crisis Communicators" in Social Media: The Case of the Telenor Customer Complaints Crisis. In: Corporate Communications 21 (3), S. 289–308.

Kaplan, Andreas M. und Haenlein, Michael (2010): Users of the World, Unite! The Challenges and Opportunities of Social Media. In: Business Horizons 53 (1), S. 59–63.

Katz, Michael L. und Shapiro, Carl (1985): Network Externalities, Competition, and Compatibility. In: The American Economic Review 75 (3), S. 424–440.

Kohavi, Ron; Henne, Randal M. und Sommerfield, Dan (2007): Practical Guide to Controlled Experiments on the Web: Listen to Your Customers not to the HiP-PO. In: Proceedings of the 13th ACM SIGKDD International Conference on Knowledge Discovery and Data Mining, S. 959–967.

Kohavi, Ron und Thomke, Stefan (2017): The Surprising Power of Online Experiments. In: Harvard Business Review 95 (5), S. 74–82.

Kuchinke, Björn. A. und Vidal, Miguel (2016): Exclusionary Strategies and the Rise of Winner-takes-it-all Markets on the Internet. In: Telecommunications Policy 40 (6), S. 582–592.

Leimeister, Jan Marco (2015): Einführung in die Wirtschaftsinformatik. Springer Gabler, Berlin u.a.

Lemke, Claudia; Brenner, Walter und Kirchner, Kathrin (2017): Einführung in die Wirtschaftsinformatik, Band 2: Gestalten des digitalen Zeitalters. Springer, Berlin.

Leonhardt, Daniel; Haffke, Ingmar; Kranz, Johann und Benlian, Alexander (2017): Reinventing the IT Function: The Role of IT Agility and IT Ambidexterity in Supporting Digital Business Transformation. In: Proceedings of the European Conference on Information Systems (ECIS). Guimarães, Portugal.

Meuter, Matthew L.; McCabe, Deborah Brown und Curran, James M. (2013): Electronic Word-of-Mouth versus Interpersonal Word-of-Mouth: Are all Forms of Word-of-Mouth Equally Influential? In: Services Marketing Quarterly 34 (3), S. 240–256.

Morris, Merrill und Ogan, Christine (1996): The Internet as Mass Medium. In: Journal of Computer-Mediated Communication 1 (4).

Nofer, Michael; Gomber, Peter; Hinz, Oliver und Schiereck, Dirk (2017): Blockchain. In: Business and Information Systems Engineering 59 (3), S. 183–187.

Otto, Ulrich; Hegedüs, Anna; Kofler, Andrea und Kunze, Christoph (2017): Uber in der Pflege? Plattformen mit Dienstleistungen in der Pflege und Betreuung. In: Krankenpflege 3, S. 14–16.

Romanelli, Elaine und Tushman, Michael L. (1994): Organizational Transformation as Punctuated Equilibrium: An Empirical Test. In: Academy of Management Journal 37 (5), S. 1141–1166.

Salvador, Fabrizio; de Holan, Pablo Martin und Piller, Frank (2009): Cracking the Code of Mass Customization. In: MIT Sloan Management Review 50 (3), S. 71–78.

Schallmo, Daniel und Rusnjak, Andreas (2017): Roadmap zur Digitalen Transformation von Geschäftsmodellen. In: Schallmo, Daniel et al. (Hrsg.): Digitale Transformation von Geschäftsmodellen. Springer Fachmedien, Wiesbaden. S. 1–31.

Schmitz Weiss, Amy (2013): Exploring News Apps and Location-based Services on the Smartphone. In: Journalism and Mass Communication Quarterly 90 (3), S. 435–456.

Steglich, Steffen (2016): Neue Formen der Zusammenarbeit – Die Kooperation in den digitalen und globalen Arbeitsräumen der IT-Branche. Dissertation, Friedrich-Alexander-Universität Erlangen-Nürnberg.

Svejenova, Silvia und Alvarez, Jose Luis (2017): Changing the C-Suite: New Chief Officer Roles as Strategic Responses to Institutional Complexity. In: Krücken, Georg et al. (Hrsg.): New Themes in Institutional Analysis: Topics and Issues from European Research. Edward Elgar Publishing, Cheltenham, UK, S. 135–161.

Swan, Melanie (2012): Sensor Mania! The Internet of Things, Wearable Computing, Objective Metrics, and the Quantified Self 2.0. In: Journal of Sensor and Actuator Networks 1 (3), S. 217–253.

Teece, David J. (2010): Business Models, Business Strategy and Innovation. In: Long Range Planning 43 (2), S. 172–194.

Varian, Hal Ronald (1999): Market Structure in the Network Age. Understanding the Digital Economy. MIT Press, Cambridge, MA, S. 137–150.

Vilain, Michael; Heuberger, Matthias und Wegner, Sebastian (2017): Caring-Profis oder Community Organizer? Wohlfahrtsverbände und Hilfsorganisationen in Zeiten des „Sharing" am Beispiel einer Fallstudie. In: Theuvsen, Ludwig et al. (Hrsg.): Nonprofit-Organisationen und Nachhaltigkeit. Springer Gabler, Wiesbaden, S. 225–233.

Walgenbach, Peter (2014): Neoinstitutionalistische Ansätze in der Organisationstheorie. In: Kieser, Alfred und Ebers, Mark (Hrsg.): Organisationstheorien, 7. Auflage, Kohlhammer, Stuttgart, S. 295–345.

Wright, Ryan T.; Roberts, Nicholas und Wilson, David (2017): The Role of Context in IT Assimilation: A Multi-Method Study of a SaaS Platform in the US Nonprofit Sector. In: European Journal of Information Systems 26 (5), S. 509–539.

Digitalisierungsstrategien menschenorientiert entwerfen und umsetzen

René Linek[1]

Digitalisierung ist in aller Munde. Sie greift in alle Bereiche des Lebens ein und verändert diese immens. Auch wenn es Veränderungen immer gegeben hat, so haben sich allerdings zwei Dinge im Laufe der Zeit gravierend gewandelt:

Zum einen ist dies die Geschwindigkeit. Erst 1970 gab es in 90 Prozent der Haushalte in den USA ein Telefon (vgl. Statista 2018). Also knapp 100 Jahre nach dem 1876 durch Alexander Graham Bell eingereichten Patentantrag. Hält man sich nun vor Augen, dass die Markteinführung des ersten iPhones, die allgemein als die Geburtsstunde des Smartphones gilt, erst gut zehn Jahre her ist, sieht man, dass sich der Zeitraum von technischen Innovationen bis zu einer signifikanten Marktdurchdringung stark verkürzt hat. Das kurze Beispiel zeigt, dass Veränderungen entgegen weitläufiger Einschätzung vielfach exponentiell und nicht linear verlaufen. Die damit verbundene Beschleunigung stellt eine nicht zu unterschätzende Herausforderung dar.

Abgesehen von der reinen Geschwindigkeit haben sich zum anderen vor allem auch die Tragweite und die Auswirkungen der Veränderungen erhöht. Betrachtet man z. B. einmal die Auswirkungen und Folgen der industriellen Revolution auf die Arbeitnehmer, so waren diese zunächst eher negativ. Vor allem durch die Einführung des Fließbandes und der Akkordarbeit zu Beginn des 20. Jahrhunderts verlagerten sich viele Arbeitsplätze in Fabriken. Für diese neuen Tätigkeiten waren nur noch geringe Qualifikationen nötig und die Tatsache, dass die Mitarbeiter leicht austauschbar waren, erhöhte die Konkurrenz auf dem Arbeitsmarkt und erschwerte die Arbeits- und Lebensbedingungen vieler Menschen. Später entfalteten sich andere Effekte. Waren zunächst eher Hilfsarbeiter gefragt, brauchte man nun zur Entwicklung und Wartung der Maschinen und Organisation der Prozesse Fachkräfte, die ein entsprechendes Know-how hatten. Sie waren nicht mehr so einfach austauschbar und auf dem Arbeitsmarkt sehr ge-

---

1 *René Linek* ist Abteilungsleiter Marketing der Evangelischen Bank eG in Kassel. E-Mail: Rene.Linek@eb.de.

fragt. Wissen und Erfahrung wurde zu einem entscheidenden Qualifikationsmerkmal (vgl. Industrie-Wegweiser.de 2018). Eine Folge dessen ist auch der heute so vielseitig diskutierte Fachkräftemangel. Schon an diesem Beispiel lässt sich erkennen, dass ein technischer Wandel wie die Industrialisierung oder auch Digitalisierung immer auch einen gesellschaftlichen Wandel zur Folge hat.

1. Digitalisierung – ein Megatrend

Die Zukunftsinstitut GmbH beschäftigt sich seit Jahren mit der Erforschung der Veränderung unserer Gesellschaft. Insgesamt identifizierte es zwölf Megatrends. Diese

> markieren Veränderungen, die uns schon lange prägen und auch noch lange prägen werden. Megatrends sind Tiefenströmungen des Wandels. Als Entwicklungskonstanten der globalen Gesellschaft umfassen sie mehrere Jahrzehnte. Ein Megatrend wirkt in jedem einzelnen Menschen und umfasst alle Ebenen der Gesellschaft: Wirtschaft und Politik, [sic] sowie Wissenschaft, Technik und Kultur. Megatrends verändern die Welt – zwar langsam, dafür aber grundlegend und langfristig. (Zukunftsinstitut 2016)

Bei ihrer Betrachtung haben sie insgesamt zwölf Megatrends identifiziert: Wissenskultur, Urbanisierung, Konnektivität, Neo-Ökologie, Globalisierung, Individualisierung, Gesundheit, New Work, Gender Shift, Silver Society, Mobilität und Sicherheit (vgl. Zukunftsinstitut 2016a).

Diese wirken jedoch nicht allein für sich. Ausprägungen (Trends) des gesellschaftlichen Wandels sind selten einem einzelnen Megatrend zuzuordnen (siehe Abbildung 1). So z. B. resultiert die E-Mobilitäts-Bewegung sowohl aus dem Megatrend Mobilität als auch aus Urbanisierung und Neo-Ökologie (vgl. Zukunftsinstitut 2016b).

Abb. 1: *Digitalisierung – eine Kombination aus sechs Megatrends (eigene Dar-stellung)*

Der Megatrend Digitalisierung wird dabei aus Sicht des Verfassers von sechs weiteren Entwicklungen beeinflusst: Konnektivität, Mobilität, Globalisierung, Individualisierung, New Work und Wissenskultur. Um Digitalisierung besser greifen zu können, sollten wir uns diese einmal genauer anschauen.

Eine Ausprägung des Megatrends *Konnektivität* ist z. B., dass wir permanent online sind, immer und überall. Wir nutzen Soziale Netzwerke wie Facebook, um uns mit anderen Menschen zu verbinden und Nachrichten, Bilder sowie Videos auszutauschen. Daraus resultiert die Entwicklung zu einer Feedbackgesellschaft; vom Brötchenkauf bis hin zur Urlaubsreise, alles wird bewertet und kommentiert und zugleich werden die Bewertungen anderer als Grundlage für unsere Entscheidungen genutzt (vgl. Zukunftsinstitut 2016c).

In einer globalisierten Welt prägt kaum etwas die Gesellschaft so sehr wie die *Mobilität*. Neben einer damit einhergehenden Beschleunigung des Lebens entstehen immer größere Anforderungen, Mobilitätswünsche ökonomisch, bequem und nachhaltig umzusetzen. So entsteht eine 24/7-Gesellschaft, in der alles immer zur Verfügung stehen soll, möglichst an jedem Ort (vgl. Zukunftsinstitut 2016d).

Neben der wirtschaftlichen Dimension, wie der Internationalisierung von Unternehmen und vor allem Märkten, wirkt sich die Globalisierung immer stärker auf weite Bereiche unserer Gesellschaft aus: „vom Bildungssystem und Konsum über die Massenmedien und Kultur bis in unsere privaten Lebens- und Beziehungswelten. Globalisierung macht die Welt nicht zum ‚Dorf', aber sie sorgt dafür, dass sie flacher wird – und kulturell vielfältiger" (Zukunftsinstitut 2016e).

Lebensläufe verlaufen heutzutage vielfach nicht mehr geradlinig. Anstelle von Biografien treten Multigrafien, die auch Brüche, Umwege und Neuanfänge beinhalten. Die Gesellschaft räumt dem Einzelnen dabei immer mehr individuelle Freiheiten ein, erhöht aber auch den Entscheidungsdruck. Es verändern sich Werte und damit einhergehend auch die Wirtschaft. Das Aufkommen der Do-It-Yourself-Bewegung ermöglichte erst das starke Wachstum der Baumarkt-Branche. Kunden möchten heute Dinge selbst tun, ohne auf Unternehmen angewiesen zu sein. Sie möchten Adressänderungen selbst komfortabel durchführen und diese nicht beim Dienstleister ‚beauftragen'. Darüber hinaus wollen Verbraucher auch immer stärker in die Gestaltung und den Prozess von Produkten und Dienstleistungen einbezogen werden. Der Trend geht weg vom Konsumenten hin zum Prosumenten. Diese Veränderungen werden im Megatrend *Individualisierung* zusammengefasst (vgl. Zukunftsinstitut 2016f).

Wir vollziehen zugleich den Wandel von einer Industrie- in eine Wissensgesellschaft. Dies hat wie eingangs angedeutet ebenfalls erhebliche Auswirkung auf die Arbeitswelt *(New Work)*. Unternehmensstrukturen und Arbeitsräume verändern sich. Die Grenze zwischen Berufs- und Privatleben wird fließend, weshalb Themen wie Work-Life-Balance stark in den Vordergrund geraten. Mitarbeiter erhalten zunehmend mehr Verantwortung und treffen täglich Entscheidungen in immer flacheren Hierarchien. Dies wirkt sich auch stark auf die Zusammenarbeit in Unternehmen aus und spiegelt sich in den Wünschen an die Arbeitsplatzgestaltung (vgl. Zukunftsinstitut 2016g).

Die Veränderung hin zu einer Wissensgesellschaft hat auch Auswirkungen auf die *Wissenskultur*. Ein neues Bildungsverständnis ruft dabei neue Lernformate hervor. Wir möchten spielerischer lernen. Digitale Medien schaffen einen immer leichteren Zugang zu einer immer größer werdenden Wissensmenge. Es geht heute also auch vermehrt um ein selektives Wissensmanagement. Auch die Sichtweise auf vorgehaltenes Wissen hat sich dadurch verändert. Hörte man früher häufig den Francis Bacon zugeschriebenen Ausspruch "Wissen ist Macht, geht der Trend nun eher zum Teilen von Wissen: „sharing is caring" (vgl. Zukunftsinstitut 2016h).

Legt man diese Betrachtung einmal zugrunde, sieht man, wie kompliziert und umfassend die Digitalisierung eigentlich ist. Und genauso umfangreich und weitreichend sind auch die Auswirkungen auf Organisationen und Unternehmen.

Und warum beschäftigen wir uns eigentlich jetzt mit dem Thema? Die Antwort ist ganz einfach: Da nun die technischen Grundlagen vorhanden sind. Prozessoren sind leistungsstark wie nie und die Preise für technisches Equipment, wie Chips oder Speicher, in den letzten Jahren radikal gesunken. 1996 kostete eine 2-GB-Festplatte (damaliger Standard) noch ca. 480 DM, also ca. 245 Euro. 1-GB-Speicherplatz kostet also ungefähr 120 Euro. Heute kostet 1-GB-Speicherkapazität bei einer Festplatte ca. 30 Cent (vgl. chip.de 2017). Füllten leistungsstarke Computer früher ganze Lagerhallen, passen sie heute in die Hosentasche. Die technische Infrastruktur ist vorhanden und weckt natürlich Bedürfnisse. Sie fungiert als Katalysator für den Wandel.

2. Die institutionellen Auswirkungen der Digitalisierung

Im Zusammenhang mit der Digitalisierung resultieren von allen Anspruchsgruppen, internen wie externen, veränderte Anforderungen an eine Institution (siehe Abbildung 2).

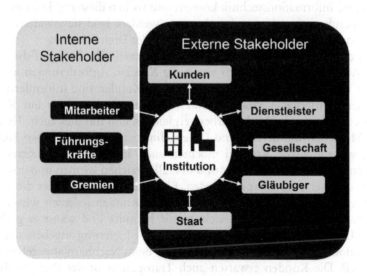

Abb. 2: Interne und externe Stakeholder einer Institution (eigene Darstellung)

So ergeben sich durch die schon angesprochenen Veränderungen der Berufswelt und -bilder natürlich auch Auswirkungen auf die Anforderungsprofile der zu besetzenden Stellen. *Mitarbeitende* müssen gegebenenfalls weitergebildet werden, um den Herausforderungen auch künftig gerecht zu werden. Es ist schwieriger geworden, geeignete Fachkräfte zu finden und diese dann auch im Unternehmen zu halten. Darüber hinaus haben Mitarbeiter neue, veränderte Ansprüche. Diese beziehen sich sowohl auf die Arbeitsplatzgestaltung als auch auf die Zusammenarbeit mit Kollegen und Führungskräften. Mitarbeiter wollen transparenter, schneller und direkter informiert werden und die erhöhte Entscheidungskompetenz verbunden mit dem veränderten Wertebild führen zu selbstbewussteren Individuen, die Dinge auch kritisch hinterfragen. Die Unternehmenskultur und das öffentliche Image der Institution spielen eine stärkere Rolle als früher, denn Arbeit ist heutzutage nicht mehr nur ein Mittel, zur Sicherung des Lebensunterhaltes, sondern auch sinnstiftend.

Diese Anforderungen haben natürlich unmittelbaren Einfluss auf das Thema Führung. Flachere Hierarchien sind gefragt und Herrschaftswissen hat ausgedient. Die *Führungskräfte* erwarten ihrerseits natürlich auch, viel enger in klassische Themen der Geschäftsführung, wie der Strategie und der Ausrichtung des Unternehmens, eingebunden zu werden. Sie wollen aktiver als bisher die Zukunft ihrer Institution mitgestalten.

Auch die Zusammenarbeit mit Ihren *Gremien* verändert sich. Durch die moderne Informationstechnik können und wollen diese regelmäßiger und umfassender informiert und einbezogen werden. Und sie erwarten natürlich Antworten auf die Herausforderungen der Digitalisierung.

Noch stärkere Auswirkungen hat der Wandel allerdings auf die externen Anspruchsgruppen, allen voran die *Kunden*. Anforderungen an Produkte und Dienstleistungen verändern sich. Kunden sind informierter, sie können mittlerweile Produkt- und Dienstleistungsangebote auf Knopfdruck mit denen der Mitbewerber vergleichen und tun dies auch. Themen wie Markenpositionierung und Unternehmensimage haben einen Stellenwert wie nie zuvor. Kunden möchten auch anders kommunizieren. Sie wollen eine Institution immer und überall erreichen können und erwarten auch, direkter informiert zu werden. Ein gutes Beispiel ist hier die Transport- und Logistikbranche. Heute möchten Kunden jederzeit wissen, wo das Paket, das sie erwarten, sich gerade befindet und wann es geliefert wird. Und am liebsten noch fünf Minuten vor Lieferung angeben, dass das Paket doch lieber an der Arbeitsstelle oder beim Nachbarn abgegeben werden soll. Die Kunden erwarten auch Transparenz in der Preisgestaltung und möchten schon bei der Entwicklung von Produkten und Dienstleistungen einbezogen werden und einfache Servicetätigkeiten selbst durchführen können.

Auch die Zusammenarbeit mit *Dienstleistern* verändert sich. Diese können heute viel enger in die eigenen Prozesse eingebunden werden, sodass hier Schnittstellen harmonisiert werden können. Die gesamte Prozesswelt ist im Umbruch. Und genauso wie Kunden dies von ihren Anbietern fordern, so erwarten diese selbst natürlich auch von ihren Dienstleistern erhöhte Transparenz bei Prozessen, Preis- und Produktgestaltung und möchten hier auch einbezogen werden.

Auch *Gläubiger* haben veränderte Erwartungen. Als Geldgeber möchten sie über die aktuelle Lage und Zahlen laufend und transparent informiert werden. Und sie erwarten natürlich genau wie die eigenen Gremien von Ihnen Antworten auf die Digitalisierung als Basis für Ihre Zukunftsfähigkeit und Sicherheit für ihre Investition.

Darüber hinaus kann die Digitalisierung auch nicht zu unterschätzende Auswirkungen auf das eigentliche *Geschäftsmodell* haben: 1996 war Kodak noch die viertwertvollste Marke der Welt. 2012 meldete das Unternehmen Insolvenz an. Was war passiert? Durch die Auswirkungen der Digitalisierung auf das Geschäftsmodell von Kodak geriet der Pionier der Fotografie gewaltig unter Druck. Erträge aus dem Geschäft mit den analogen Kameras und Filmrollen brachen rapide ein. Auch wenn das Unternehmen 1994 noch in den Markt der Digitalkameras einstieg, gelang es nicht, sich dort zu positionieren und sein Geschäftsmodell rechtzeitig zu verändern (vgl. Absatzwirtschaft 2012). Dabei hatte es eigentlich allen Wettbewerbern gegenüber einen entscheidenden Vorteil. Denn bereits 1974 entwickelte ein Kodak-Ingenieur, Steve Sasson, die erste Digitalkamera. Es dauerte allerdings 30 Jahre, bis er die Idee im Unternehmen durchsetzen konnte (vgl. Spiegel Online 2015). Zu wenig Fantasie, zu viel Festhalten am Bewährten brachten selbst das riesige Unternehmen Kodak zu Fall. Denn die Geschwindigkeit, in der sich die neue Technologie durchsetzte, wurde stark unterschätzt.

Anders auf die Veränderung reagiert hat CEWE. Das Geschäftsmodell des damals mittelständigen Unternehmens mit Sitz in Oldenburg war eigentlich noch stärker bedroht. Denn der größte Teil des Umsatzes wurde durch die Entwicklung von analogen Fotofilmen generiert. Anders als bei Kodak reagierte man aber viel flexibler auf die geänderten Kundenanforderungen resultierend aus dem technischen Fortschritt. Bereits 1994 investierte die Firma in Printer zum Druck von Digitalfotos auf Fotopapier. Heute ist das Unternehmen Europas größter Fotodienstleister mit zwölf Produktionsstandorten und über 3.000 Mitarbeitern. Der Hauptumsatz wird u. a. mit der Produktion von Digitalbildern, Fotobüchern, personalisierten Geschenkartikeln und Online-Druckaufträgen erzielt (vgl. Wikipedia 2018).

Zwei Unternehmen, die vor der gleichen Herausforderung standen, jedoch mit unterschiedlichem Ausgang. Kodak hat sich gescheut, sein Geschäftsmodell grundsätzlich in Frage zu stellen. Dies wurde dem Foto-Pionier am Ende zum Verhängnis.

Zu hinterfragen ist also auch das eigentliche Geschäftsmodell. Welche Produkte und Dienstleistungen bieten Sie an? Wie sieht Ihr Serviceangebot aus? Wie sind die internen und externen Prozesse? Was ist Ihr Zielbild? Stellen Sie alles in Frage und versuchen Sie dabei auch, um die Ecke zu denken. Alles ist digitalisierbar, sogar Brötchen. Natürlich nicht das eigentliche Produkt, aber in diesem Fall der Vertriebskanal schon. Vorgemacht hat dies der Semmeldienst Allgäu. Über ein Onlineportal können Kunden Brötchen und Zeitungen bestellen, die ihnen dann morgens direkt an die Haustür geliefert werden. Hiermit haben die Inhaber eine heute seltene Marktlücke gefunden, die insbesondere bei den vielen Touristen im Geschäftsgebiet sehr gut ankommt (vgl. Semmeldienst Allgäu 2018).

Wenn also das eigentliche Produkt nicht digitalisiert werden kann, so könnte dies im Vertriebskanal durchaus der Fall sein.

3. Digitalisierung gestalten – das Beispiel: strategische Neuausrichtung bei der Evangelische Bank

Die strategische Neuausrichtung ist genauso komplex und umfangreich wie ihre Ursache. Bei allen Überlegungen sollte aber immer der Mensch mit seinen Anforderungen im Mittelpunkt stehen. Heute gilt mehr denn je, dass man sich in seine Kunden und Mitarbeiter hineinversetzen können muss: Was sind ihre und seine Bedürfnisse? Welche Produkte und Dienstleistungen sind gewünscht? Wie sollten diese gestaltet werden? Wie möchten diese informiert werden, auf welchen Kanälen? Um am besten herauszufinden, was Kunden wollen, empfiehlt es sich, sie einfach zu fragen. Kunden fühlen sich wertgeschätzt und mitgenommen, wenn Sie sie aktiv in Ihre Neuausrichtung einbeziehen (siehe Abbildung 3).

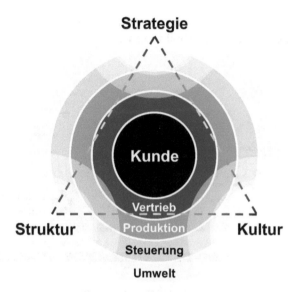

Abb. 3: Der Mensch im Fokus der Neuausrichtung (eigene Darstellung)

In der Evangelischen Bank haben wir die Kunden gefragt, welche Anforderungen sie schon heute und künftig an einen Finanzdienstleister haben. Wie möchten sie von uns informiert werden und auf welchen Kanälen möchten sie mit uns kommunizieren? Neben einer großen Kundenumfrage wurden diverse Fokusgruppeninterviews mit Bestands- und Nichtkunden durchgeführt, um ein umfassendes Bild über die Bedürfnisse und Wünsche zu erhalten. Diese waren in die unterschiedlichen Zielgruppen der Bank unterteilt. Es wurden sowohl Privatkunden wie auch institutionelle Kunden befragt. Neben diesen punktuellen Erhebungen erhalten wir natürlich fortwährend Feedback unserer Kundschaft – sei es in persönlichen Gesprächen, am Telefon, per E-Mail oder auch über Social Media. Dieses fließt laufend in unsere Optimierungsprozesse ein und gibt uns Impulse für neue Themen.

Insgesamt resultierte hieraus eine solide Grundlage für die strategische Neuausrichtung, in die auch Ergebnisse aus der Trendforschung mit einflossen, um künftige Anforderungen besser zu prognostizieren und sich schon heute darauf einzustellen.

Am Ende der konzeptionellen Arbeit stand 2016 die Roadmap der Evangelischen Bank, die das Haus in eine nachhaltige Zukunft führen wird. Für diesen Weg wurden zehn Meilensteine definiert, unter denen

138 Maßnahmen gebündelt wurden, die bis 2020 die Evangelische Bank der Zukunft gestalten (siehe Abbildung 4).

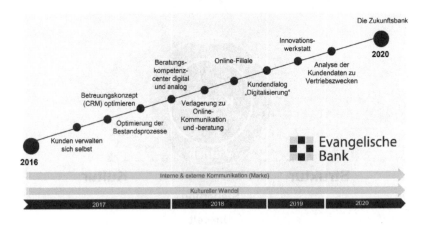

Abb. 4: Die Roadmap der Evangelischen Bank (eigene Darstellung)

Wichtig hierbei ist, dass dies kein starrer Projektplan ist. Die Roadmap und die ihr zugrunde liegenden Anforderungen werden laufend überprüft, angepasst, ergänzt oder auch gestrichen, wenn sie überholt sind. Denn zu einem so dynamischen Thema wie der Digitalisierung kann es keine starre Antwort geben, schon gar nicht über einen so langen Zeitraum. Denn fünf Jahre sind in diesem Bereich schon extrem lang und die Entwicklung hier schwerlich genau zu prognostizieren. Mittlerweile wurde in der Bank auch ein Trendradar implementiert, über welchen wir Entwicklungen permanent beobachten, um hierauf rechtzeitig reagieren zu können.

Unsere Empfehlung aus den „lessons learned": Fragen Sie Ihre Kunden, was Sie von Ihrer Institution erwarten. Beziehen Sie sie in die (Neu-)Gestaltung von Produkten und Dienstleistungen mit ein. Lassen Sie diese nach der Optimierung auch von den Kunden testen und holen Sie sich direktes Feedback. Denken Sie auch Prozesse immer vom Kunden her. Schauen Sie nicht, wie es am effizientesten aus interner Sicht wäre. Wenn die Kunden mit Ihnen über Social Media in Kontakt treten oder Informationen erhalten möchten, beschäftigen Sie sich mit dem Thema. Auch wenn Sie hierfür intern bislang keine Notwenigkeit sahen. Stellen Sie alle Ihre Kommunikationskanäle und -medien auf den Prüfstand. Wird Ihr Magazin wirklich gelesen? Oder erwarten Ihre Kunden einen Newsletterservice, bei dem sie selbst entscheiden können, über welche Themen sie informiert werden und wie häufig? Auf welchen Kanälen treffen Sie auf Ihre

Zielgruppe und wie wird hier kommuniziert? Neben den Inhalten ist hier auch die Art der Kommunikation wichtig. Beides muss zum Kanal passen. Einher mit der Neugestaltung von Produkten, Dienstleistungen und Prozessen sollte auch ein kultureller Wandel gehen. Überdenken Sie Ihre Unternehmensstruktur und auch, wie Zusammenarbeit in Ihrem Haus geprägt ist. Schauen Sie, ob dies zu den Wünschen Ihrer Mitarbeiter passt und ob sie noch zeitgemäß ist. Unterschätzen Sie den kulturellen Wandel nicht. Weder die Notwendigkeit noch den Aufwand, der damit einhergeht. Die Mitarbeiter mit in die Zukunft zu nehmen, ist ein langwieriger Prozess, der sich aber lohnt. Denn Mitarbeiter werden auch in Zukunft der wichtigste Baustein für Ihren Erfolg sein. Es lohnt sich also, hier Zeit und Energie zu investieren. Und vergessen Sie hierbei niemals, dass Unternehmenskultur nicht von oben verordnet werden kann. Die Geschäftsführung kann hier nur Leitplanken setzen, die eigentliche Kultur entsteht bottom-up.

4. Zusammenfassende Empfehlung

Die Digitalisierung ist kein drohendes Bild der Zukunft, sie ist schon längst da. Und das Wichtigste: Sie geht nicht wieder weg! Auch wenn es sich nicht um einen rein technologischen Fortschritt handelt, so spielt dieser eine große Rolle in der Frage, warum wir uns ausgerechnet heute damit beschäftigen. Also stellen Sie sich dem Thema, und falls Sie noch nicht damit angefangen haben, starten Sie am besten noch heute.

Berücksichtigen Sie hierbei, dass es keine Musterlösung gibt. Heute gilt mehr denn je, dass die Lösungen für Ihre Institution nur individuell sein können. Seien Sie dabei mutig und stellen Sie alles in Frage, und zwar laufend. Es darf keine Tabus geben. Dann können Sie Ihre Institution nachhaltig zukunftsfähig aufstellen.

Literatur

Absatzwirtschaft (2012): Der Niedergang von Kodak oder der entmystifizierte Technologie-Mythos. Online unter: http://www.absatzwirtschaft.de/der-niederga ng-von-kodak-oder-der-entmystifizierte-technologie-mythos-18598/. Abruf: 26.01.2018.
Chip.de (2017): Hardwarepreise vor 10 Jahren. Online unter: http://www.chip.de/b ildergalerie/Hardware-Preise-vor-10-Jahren-Galerie_20713057.html?show=2. Abruf: 01.02.2018.

Industrie-Wegweiser.de (2019): Von Industrie 1.0 bis 4.0 – Industrie im Wandel der Zeit. Online unter: http://industrie-wegweiser.de/von-industrie-1-0-bis-4-0-indust rie-im-wandel-der-zeit/. Abruf: 26.01.2018.

Semmeldienst Allgäu (2018): Griaß di. Online unter: http://www.semmeldienst-all gaeu.de/Griass-di.1881.0.html. Abruf: 26.01.2018.

Spiegel Online (2015): Der Mann, der die Zukunft erfand. Online unter: http://ww w.spiegel.de/einestages/digitalkamera-erfinder-steve-sasson-ueber-kodaks-pleite-a -1057653.html. Abruf: 26.01.2018.

Statista (2018): Percentage of housing units with telephones in the United States from 1920 to 2008. Online unter: https://www.statista.com/statistics/189959/hou sing-units-with-telephones-in-the-united-states-since-1920/. Abruf: 26.01.2018.

Wikipedia (2018): Cewe. Online unter: https://de.wikipedia.org/wiki/Cewe. Abruf: 26.01.2018.

Zukunftsinstitut (2016): Megatrends Übersicht. Online unter: http://www.zukunfts institut.de/dossier/megatrends/. Abruf: 26.01.2018.

Zukunftsinstitut (2016a): Megatrends Übersicht. Online unter: http://www.zukunf tsinstitut.de/dossier/megatrends/. Abruf: 26.01.2018.

Zukunftsinstitut (2016b): Die Megatrend-Map, Online unter: http://www.zukunftsi nstitut.de/index.php?id=1532. Abruf: 26.01.2018.

Zukunftsinstitut (2016c): Konnektivität Glossar. Online unter: http://www.zukunft sinstitut.de/mtglossar/konnektivitaet-glossar/. Abruf: 26.01.2018.

Zukunftsinstitut (2016d): Megatrend Mobilität. Online unter: http://www.zukunfts institut.de/dossier/megatrend-mobilitaet/. Abruf: 26.01.2018.

Zukunftsinstitut (2016e): Megatrend Globalisierung. Online unter: http://www.zu kunftsinstitut.de/dossier/megatrend-globalisierung/. Abruf: 26.01.2018.

Zukunftsinstitut (2016f): Megatrend Individualisierung. Online unter: http://www. zukunftsinstitut.de/dossier/megatrend-individualisierung/. Abruf: 26.01.2018.

Zukunftsinstitut (2016g): Megatrend New Work. Online unter: http://www.zukunf tsinstitut.de/dossier/megatrend-new-work/- Abruf: 26.01.2018.

Zukunftsinstitut (2016h): Megatrend Wissenskultur. Online unter: http://www.zuk unftsinstitut.de/dossier/megatrend-wissenskultur/. Abruf: 26.01.2018.

Die digitale Führungskraft: Management zwischen Steuerung und Selbstorganisation?

Christoph Minnig[1]

Peter Drucker hat 1988 angekündigt, dass in 20 Jahren – also im Jahr 2008 – die Hierarchieebenen von Organisationen sich um die Hälfte und die Zahl der Manager und Managerinnen sich gar um zwei Drittel reduzieren werden (vgl. Drucker 1988). In verschiedenen Studien (vgl. Schwarzmüller et al. 2017; Telekom 2015; Welpe et al. 2015; Schaefer et al. 2017) sind derartige Ideen jüngst wieder aufgegriffen worden und sie unterstreichen, dass unsere Organisationen durch zunehmende Digitalisierung agiler, partizipativer und demokratischer werden. Autorinnen und Autoren dieser Studien sehen in der Digitalisierung eine konkrete Chance, die Art und Weise, wie wir zusammenarbeiten, führen und geführt werden zu hinterfragen und neu zu gestalten. Schwarzmüller, Brosi und Welpe (2017) haben Digitalisierungsexperten aus Wirtschaft, Wissenschaft, Verbänden und Politik befragt und weisen auf eine Reihe von konkreten Entwicklungen hin, welche aufgrund der zunehmenden Digitalisierung zu erwarten sind:

- Die Einflussmöglichkeiten von Führungskräften verändern sich, d. h., Führungskräfte werden Macht abgeben (89 Prozent der Befragten).
- Die Bedeutung beziehungsförderlichen Verhaltens wird zunehmen, weshalb Ideen wie Coaching, Enabling und Vernetzung wichtiger werden (62 Prozent der Befragten) und
- Organisationen werden zunehmend an Agilität gewinnen (57 Prozent der Befragten).

Sind derartige Erwartungen jedoch wirklich realistisch, und werden Organisationen durch die zunehmende Digitalisierung tatsächlich partizipativer, demokratischer und agiler? Werden klassische Hierarchien abgebaut und vermehrt durch heterarchische Ansätze ersetzt (vgl. Reihlen, 2009) und wird damit Peter Druckers (1988) Ankündigung doch noch real?

Innovative Beispiele aus der Praxis, wie etwa jene von Buurtzorg, Favi, Morningstar und Heilgenfeld (vgl. Laloux 2015), W. L. Goore und Whole

---

1 *Prof. Dr. Christoph Minnig*, Institut Nonprofit- und Public-Management der Fachhochschule Nordwestschweiz in Basel. E-Mail: christoph.minnig@fhnw.ch.

Food Market (vgl. Hamel 2012) oder Unternehmen wie Liip (vgl. Saheb 2016) oder Haufe (vgl. Gratwohl 2016) – um nur einige wenige zu nennen –, also von Organisationen, die flacher, agiler, demokratischer und selbstorganisierter arbeiten, füllen seit längerem die Seiten der Managementzeitungen, werden gerne an Tagungen besprochen und führen verbreitet zu intensiven Diskussionen.

Diese innovativen Beispiele zeigen auf, dass Unternehmen sich nicht zwingend einer Hierarchie bedienen müssen, um erfolgreich zu sein (vgl. Laloux 2015; Frei 2016; Zeuch, 2015). Gleichzeitig dürfen wir uns von diesen Beispielen nicht blenden lassen. Es ist weiterhin offen, ob die vereinzelt erkennbare Entwicklung hin zu flacheren, weniger hierarchischen, partizipativeren und vermehrt demokratischen Organisationen schon bald als Normalfall bezeichnet werden darf.

In Studien wie jener von Schaefer, Bohn und Crummenerl (2017) werden diese Erwartungen eher in Frage gestellt und sie weisen darauf hin, dass bei der überwiegenden Mehrheit der befragten Unternehmen immer noch klassische Formen der Organisationsgestaltung und Führung vorherrschen. Hamel (2012) versucht zu verstehen, warum Ansätze vermehrter Agilität, Selbstorganisation oder Demokratie unseren Organisations- und Führungsalltag nicht flächendeckend revolutionieren und verweist auf eine Reihe von Gründen, welche erklären sollen, warum diese neuartigen Ideen im Großteil der Organisationen und Unternehmen bislang noch nicht angewendet werden:

- Der klassische Ansatz der Bürokratie prägt seiner Meinung nach bis heute die Mehrheit der Organisationen und ist gewissermaßen zu unserer organisatorischen DNA geworden.
- Er unterstreicht auch die Tatsache, dass es Millionen von Führungskräften gibt, die ein Interesse daran haben, den Status quo beizubehalten.
- Des Weiteren bestehen keine einfachen Wege für den Aufbau und die Entwicklung post-bürokratisch ausgestalteter Organisationen. Auch wenn wir uns von innovativen Organisationen inspirieren lassen, dienen diese Beispiele nicht als einfache Vorlagen, um neuartige Ideen rasch und problemlos in unseren Organisationen einzuführen und umzusetzen.
- Und er ist abschließend der Meinung, dass sich klassische Modelle auch deshalb schwer verändern oder ersetzen lassen, weil sie in gewisser Weise trotz aller Kritik funktionieren.

Hamel und Zanini (2016) sind der Meinung, dass all diese innovativen Beispiele die wirklichen Veränderungen in den Unternehmen nicht widerspiegeln. Sie unterstreichen, dass eher nicht die post-bürokratischen, flachen, agilen, demokratischen und selbstorganisierten Organisationen im Vormarsch sind, sondern zunehmend ein eher gegenteiliger Entwicklungsprozess – nämlich ein Anwachsen von Bürokratie – erkennbar ist. Auf der Basis von US-Daten legen sie dar, dass zwischen 1983 und 2014 die Zahlen der Manager und Managerinnen und der Mitarbeitenden im Back Office (Support) um 90 Prozent zugenommen haben, während auf der anderen Seite die operativ tätigen Mitarbeitenden nur um rund 40 Prozent zugenommen haben.

Auf ähnliche Entwicklungen verweist auch Graeber (2016) in seinem Buch zur Bürokratie. Er sieht die Bürokratie nicht nur in staatlichen Institutionen auf dem Vormarsch, sondern erkennt diese Entwicklung auch in privaten und profitorientierten Organisationen. Für ihn ist Bürokratie gelebte Macht, und er sieht kein Ende in der Entwicklung hin zu mehr Bürokratie.

Wenn wir auf die eingangs gestellte Frage zurückkommen, ob und inwiefern die laufende Digitalisierung Organisationen verändert, bleibt uns nur eine Schlussfolgerung: In vielen Organisationen hat die Digitalisierung zugenommen, was jedoch nicht zwingend zu einer Verflachung der Strukturen, einer Zunahme der Partizipation oder einer wachsenden Demokratisierung geführt hat (vgl. Schaefer et al. 2017). Die Digitalisierung beinhaltet offenkundig keine immanente oder zwingende Entwicklung bezüglich der Führung und der Ausgestaltung von Organisationen, sondern kann im Gegenteil zu sehr unterschiedlichen Resultaten führen. Die konkreten Wirkungen der Digitalisierung sind nicht zuletzt abhängig vom Managementansatz, dem gelebten Führungsstil oder der jeweiligen Kultur (vgl. Schaefer et al. 2017). Innovative Modelle bezüglich der Organisation und Führung müssen aktiv initiiert werden. Die Erwartung, dass sich postbürokratische Ansätze durch die zunehmende Digitalisierung in gewisser Weise durch die „Hintertür einschleichen", basiert mehr auf Hoffnung als auf erlebter Realität.

Die digitale und sich selbstorganisierende Organisation: Das Beispiel Buurtzorg

In vielen innovativen und post-bürokratischen Beispielen sind umfassende Digitalisierungsschritte erkennbar. Bei näherer Analyse hat diese Entwicklung in der Umsetzung und Etablierung der neuen Organisations- und Führungsansätze durchaus eine zentrale Bedeutung. Die Digitalisierung ist in der Regel jedoch nicht zentraler Auslöser, sondern dient eher der Unterstützung neuartiger Entwicklungen. Wenden wir uns einem konkreten Beispiel zu und betrachten mit Buurtzorg (vgl. Kreitzer et al. 2015) eine

Organisation, in welcher die Ideen der Partizipation, Agilität und Selbstorganisation umgesetzt worden sind und gleichzeitig bezüglich der Digitalisierung eine umfassende Entwicklung erkennbar ist.

Bei Buurtzorg scheint es idealtypisch gelungen zu sein, das Zusammenspiel zwischen neuen Managementideen und der Digitalisierung zu verbinden, pointierter formuliert, ist das Zusammenspiel zwischen der Pflege- und Managementkultur und deren Kopplung mit der digitalen Entwicklung sehr gelungen. Die Digitalisierung war in dieser Entwicklung nie Treiberin in Bezug auf den gewählten Managementansatz, sondern ein bewusst eingesetztes Mittel zum Zweck, um strategische Ideen und Visionen erfolgreich umzusetzen (vgl. Nandram und Koster 2014; Laloux 2015; Kreitzer et al. 2015).

Was prägte die Entwicklung von Buurtzorg?

Bevor wir die digitalen Ideen von Buurtzorg näher ausleuchten, wird Buurtzorg als Organisation und in seiner Entwicklung kurz dargestellt. Buurtzorg ist ein Anbieter ambulanter Betreuungs- und Pflegeleistungen in den Niederlanden. Das 2007 gegründete Unternehmen hat mit vier Mitarbeitenden begonnen und ist schnell auf etwas über 14.000 Personen angewachsen (Stand: Ende 2018). Die Patientenzufriedenheit erreicht seit Jahren sehr hohe Werte und seit seiner Gründung ist Buurtzorg in den Niederlanden fünf Mal zum besten Arbeitgeber gewählt worden (vgl. Laloux 2015; Kreitzer et al. 2015; Bradford et al. 2015).

Die Struktur des Unternehmens ist geprägt durch 900 autonom und selbstorganisiert arbeitende Pflege- und Betreuungsteams. Diese Teams werden von rund 50 Personen im Backoffice und 18 regionalen Coaches unterstützt. Buurtzorg ist heute in allen Regionen und Städten der Niederlande vertreten. Trotz des sehr starken Wachstums hat die Organisation stets Überschüsse erwirtschaftet und die rasante Entwicklung aus eigenen Mittel finanzieren können.

Die Verantwortlichen von Buurtzorg haben die in der ambulanten Pflege zunehmende Standardisierung und Fragmentierung in den 1980er und 1990er Jahren kritisiert und zweifelten, dass damit einerseits die Kosten gesenkt und andererseits die Qualität gesteigert werden können. Mit der Gründung von Buurtzorg haben sie dieser Entwicklung explizit ein Modell entgegengesetzt, das der industriell geprägten Logik der *Versorgungskultur* ein Modell der *Sorgekultur* gegenüberstellt.

Für die Mitarbeitenden von Buurtzorg steht die wirksame und nachhaltige Pflege und Betreuung im Zentrum, ohne den Kostenaspekt außer

Acht zu lassen. Das Pflege- und Betreuungskonzept von Buurtzorg basiert nach Leichsenring (2015: 23) auf fünf untrennbar miteinander verbundenen Elementen:

> Ganzheitliches Assessment der individuellen Bedarfslage als Basis für einen entsprechenden Pflegeplan; Identifizierung, Einbeziehung und Vernetzung aller formellen und informellen Pflegepersonen; Erbringung von Pflege und Betreuung; Unterstützung des Klienten bzw. der Klientin in seiner/ihrer sozialen Rolle und Förderung der Selbstpflege und Selbstständigkeit.

Wenn heute von Buurtzorg die Rede ist, stehen neben diesem Pflege- und Betreuungsmodell die Idee der Selbstorganisation, das rasche Wachstum, der extrem kleine Overhead, die hohen Qualitätswerte, das hohe Image und die gelebten Vernetzungsideen im Vordergrund (vgl. Kreitzer et al. 2015; Bradford et al. 2015). Zusätzlich werden häufig auch die im Vergleich mit anderen Anbietenden niedrigeren Kosten angeführt (vgl. KPMG 2013).

Auch wenn die Gründer von Buurtzorg die zunehmende Ökonomisierung in der Branche als problematisch ansehen, gehen sie sehr bewusst und ökonomisch mit den vorhandenen Mitteln um. Nandram hat die ökonomischen Aspekte von Buurtzorg in ihrem Buch *Innovation by Simplification* nachgezeichnet. Ein zentrales Ziel von Buurtzorg besteht ihrer Meinung nach darin, möglichst ohne Friktionen und Verschwendungen zu arbeiten, d. h., keine Zeit, kein Geld, kein Material zu verschwenden und gleichzeitig keine unnötige Komplexität aufzubauen; dies in allen Bereichen der Organisation, nämlich sowohl in der Pflege und Betreuung, im Management und im Support. Somit kann der Management-, Pflege- und Betreuungsansatz von Buurtzorg verstanden werden als Modell der Vereinfachung (vgl. Nandram 2015).

Buurtzorg verzichtet vor allem im Management- und Supportbereich auf vieles, was andere Organisationen als notwendigen Standard oder als institutionelles Pflichtprogramm ansehen. So bestehen kein wirkliches Budget, kein komplexer Budgetprozess und damit verbundene Controllingaktivitäten. Es finden keine regelmäßigen, von oben initiierten Strategieprozesse statt. Es werden keine Jahresziele für die Organisation, die Teams oder die einzelnen Mitarbeitenden erarbeitet, kommuniziert, gemessen und beurteilt. Auch klassische Mitarbeitendengespräche sucht man bei Buurtzorg vergeblich. Es werden keine leistungsbezogenen Lohnerhöhungen oder irgendwelche Bonuszahlungen vergeben. Es besteht im Gegenteil ein simpler Lohnautomatismus, welcher auf dem Gesamtarbeitsvertrag beruht. Buurtzorg verzichtet im Weiteren auf ein umfassendes und differenziertes Controlling und beschränkt sich auf sehr wenige Kennzahlen, welche allen zugänglich gemacht werden. Aufgrund der Qualifizierung der Mitarbeitenden verzichtet die Organisation auch auf umfassende Vorgaben bezüglich der Pflege und Betreuung. Es gibt auch keine zentralen Weiterbildungsaktivitäten und -vorgaben. Die Teams entscheiden selbständig und abschließend über die notwendigen Weiterbildungsaktivitäten und haben dazu zwei Prozent der Lohnsumme der jeweiligen Teams zur freien Verfügung. Auch für die Arbeit in den autonomen Teams gibt es wenige Vorgaben. Das Bestehende kann in der Regel als Rahmen (Framework) verstanden werden und bietet einen gewissen Spielraum bezüglich der Umsetzung (vgl. Vermer und Wenting 2016). Abschließend ist auch eindrücklich zu sehen, dass trotz erkennbaren Fehlern[2], über die Jahre hinweg extrem wenig zusätzliche Vorgaben entstanden sind (vgl. Laloux 2015; Bradford et al. 2015).

Dafür ist im Gegenzug das Vertrauen umfassend ausgeprägt (vgl. Laloux 2015; Nandram 2015; Kreitzer et al. 2015). Vertrauen, dass die Teams ausgerüstet sind mit den notwendigen Informationen, Qualifikationen und Kompetenzen, um die Pflege und Betreuung autonom, qualitäts-, wirkungs- und kundenorientiert zu erbringen. Vertrauen, dass die Teams die überwiegende Mehrheit der operativen Aufgaben im Alltag selbstständig und ohne Hierarchie bewältigen, d. h. auch fähig sind, tragfähige Lösungen zu finden und diese erfolgreich umsetzen. Vertrauen, dass die Teams ein ökonomisches Verständnis haben und die für die Existenz der Organisationen notwendigen Richtwerte erreichen. Vertrauen, dass die Teams fähig sind, Mitarbeitende einzustellen, zu fördern oder zu entlassen. Vertrauen, dass sie in der Lage sind, selbstständig zu entscheiden, wer welche Rollen im Team übernimmt und ausführt. Vertrauen, dass die Teams notwendige Innovationen und Entwicklungen bottom-up initiieren, testen und sich mit anderen Teams darüber austauschen. Vertrauen, dass die Mitarbeitenden, ohne viele Vorgaben und ohne intensives Controlling oder umfassende Kontrolle, qualitativ hochstehende Pflege- und Betreuungsleistungen sicherstellen, sich dabei ökonomisch verhalten, genügend Innovationskraft entwickeln und somit die laufenden Weiterentwicklungen und das Überleben von Buurtzorg sichern.

---

2 Neue Teams versuchen im ersten Jahr, allen Wünschen bezüglich des Sommerurlaubs gerecht zu werden. Dies führt sehr regelmäßig zu Friktionen und Problemen. Trotzdem lässt man die neuen Teams bewusst diese Erfahrung selbstständig machen und sie sind angehalten ihre eigenen, für die Teams stimmigen Lösungen zu finden und umzusetzen.

Die Digitalisierung von Buurtzorg

Inwiefern ist Buurtzorg ein Beispiel für den gelungenen Umgang mit der digitalen Entwicklung? Buurtzorg ist kein IT-Unternehmen. Die Kernprozesse der Pflege und der Betreuung sind nicht umfassend digitalisiert, es werden keine digitalen Zusatzangebote bereitgestellt, und Buurtzorg hat auch kein digitales Geschäftsmodell entwickelt. Worin besteht also die digitale Innovation bei Buurtzorg?

Die Innovation besteht im Pragmatismus und in der klaren Ausrichtung der digitalen Entwicklung auf das primäre Ziel, die Pflegekräfte und Teams zu unterstützen und sie zu befähigen, große Teile der Entscheidungen an der Basis zu treffen und umzusetzen. Von Beginn an war den verantwortlichen Personen klar, nur jene Aspekte in die digitale Entwicklung einfließen zu lassen, welche mithelfen, in der Pflege und der Betreuung – d. h. in der Kerntätigkeit – einen Mehrwert zu schaffen und die Zusammenarbeit mit Dritten (bspw. den Krankenkassen und Versicherern) simpel, effizient und effektiv auszugestalten.

Nachdem sie auf dem Markt kein passendes System gefunden haben, welches auf dieser Logik aufbaut, haben die Verantwortlichen von Buurtzorg begonnen, ein eigenes System zu entwickeln. Bei den auf dem Markt vorhanden Systemen lag der zentrale Fokus ihrer Meinung nach zu stark auf dem Controlling, d. h. der Beschaffung von Steuerungsdaten für das Management, für den Finanzbereich (Rechnungstellung etc.) und dem Reporting für Dritte (bspw. Kassen). Diese Programme wurden in der Regel hierarchisch, d. h. top-down aufgebaut und sind stark geprägt durch die Interessen und Bedürfnisse des Managements und der Administration. All diese Systeme waren aus Sicht der Verantwortlichen von Buurtzorg letztendlich zu stark geprägt von einer gewissen Misstrauenskultur bzw. vom Gedanken, dass Vertrauen zwar gut, Kontrolle letztendlich doch besser sei.

Buurtzorg hat diese Sichtweise umgedreht und sein System radikal aus Sicht der Pflegemitarbeitenden entwickelt und damit gleichzeitig auch sichergestellt, dass die Ideen der Selbstorganisation idealtypisch umgesetzt werden können. Was brauchen die Fachkräfte in der Pflege und Betreuung, was brauchen die Teams für ihre autonome und selbstbestimmte Arbeit? Erst in einem zweiten Schritt wurde die Frage aufgeworfen, welche Daten die Administration, das Management und Dritte benötigen. Es stand und steht noch heute die Frage im Zentrum, inwiefern die erfassten Daten notwendig sind und welcher konkrete Nutzen durch die Sammlung und Auswertung dieser Daten geschaffen werden kann. Die technische Machbarkeit war nie die treibende Kraft, der Nutzen für die Klienten und

Klientinnen und die pflegenden und betreuenden Mitarbeitenden steht im Zentrum der Betrachtung.

Das Buurtzorgweb, die digitale Plattform von Buurtzorg

Die digitale Plattform von Buurtzorg (Buurtzorgweb) ist eine cloudbasierte Lösung und besteht grundsätzlich aus vier Teilbereichen, nämlich (1) der Organisation der Arbeit, (2) der Dokumentation der Pflege, (3) den Informationen zur Teamperformance und zum Lernen und (4) einem Kommunikationsbereich.

(1) Organisation der Arbeit: In diesem Bereich finden die Mitarbeitenden wichtige Unterlagen wie Arbeitsverträge, Lohnabrechnungen, Nachweise zu Weiterbildung usw. All diese Dokumente sind digital hinterlegt. Weiter findet sich in diesem Bereich die Einsatzplanung, welche von einem oder mehreren Mitgliedern der jeweiligen Teams erstellt wird. Hier erfassen die Mitarbeitenden auch die Pflegezeit, welche sie bei den verschiedenen Klientinnen und Klienten aufwenden und melden Abwesenheiten wegen Krankheit, Weiterbildung, Ferien usw. Die Zeiterfassung ist äußerst einfach gehalten und bildet eine der zentralen Informationen, welche Buurtzorg zur Verrechnung mit den Kassen benötigt. Eine individuelle Zeiterfassung zur Kontrolle der Arbeit besteht jedoch nicht.

(2) Dokumentierung der Pflege: Buurtzorg verwendet das Omaha System (vgl. Martin, 2005; http://www.omahasystem.org), ein Klassifikationsmodell für die Gesundheits- und Krankenpflege, welches seit den 1990er Jahren von der American Nursing Association anerkannt wird. Auf dieser Basis werden die Klientinnen- und Klienten-Assessments durchgeführt und daraus der jeweilige Pflegebedarf abgeleitet. Darauf aufbauend werden konkrete Entwicklungsziele für die Pflege bestimmt, Pflegepläne erstellt, und es wird ein Monitoring der zu erreichenden Ziele vorgenommen (vgl. Martin 2005). In diesem Teilbereich finden sich auch die digitalen Pflegedossiers der Klientinnen und Klienten.

(3) Team Performance & Lernen: Zentral ist hierbei die Kennzahl der verrechenbaren Stunden. Damit die Unternehmung auf einer finanziell soliden Basis steht, müssen 60 Prozent der Arbeitszeit der Teammitarbeitenden als verrechenbare Leistungen ausgewiesen werden können. Dieser Wert ist durchaus ambitiös. Nicht zuletzt aufgrund der simplen und schlanken Organisation wird dieser Wert seit Jahren erreicht und von Seiten der Mitarbeitenden als einfache, faire und transparente Vorgabe akzeptiert. Die verrechenbaren Stunden sind eine der wenigen ökonomischen Messgrößen bei Buurtzorg. Diese werden monatlich erfasst. Die Teams se-

hen ihren Wert und den Gesamtwert des Unternehmens. Auswertungen auf individueller Ebene werden nicht vorgenommen. Weiter werden regelmäßig die Zufriedenheitswerte der Klientinnen und Klienten, der Mitarbeitenden und die Krankheitstage der Mitarbeitenden pro Team und in Bezug auf das ganze Unternehmen erfasst und den Teams kommuniziert. Auf einer Lernplattform stehen Informationen in Form von Texten und vermehrt auch Videos zur Verfügung. Dieser Bereich ist über die Jahre entwickelt worden, und für die Videoproduktion steht neuerdings ein kleines TV-Studio zur Verfügung. Hier werden auch die Teamrollen beschrieben. In den Teams besteht keine Hierarchie, sondern es wird mit diversen vordefinierten Rollen gearbeitet, welche über die Zeit neu verteilt werden können. Wie diese Rollenzuteilung vorgenommen wird und wie oft diese gewechselt wird, ist den jeweiligen Teams überlassen. Zwei dieser Rollen werden von allen wahrgenommen, nämlich die Rolle als *Pflegende* und jene als *Teammitglied*. Die weiteren fünf Rollen sind dagegen spezialisierte Aufgaben, wie die Einsatzplanung, Verantwortung bezüglich der *Büroinfrastruktur*, die Bearbeitung der *administrativen Aufgaben*, die *Innovation* und das *Mentoring*. Für alle diese Rollen finden sich Informationen und Ideen auf dem System (vgl. Vermer und Wenting 2016).

(4) Vernetzung und Kommunikation: Weiter finden sich auf dem Buurtzorgweb eine Kommunikationsplattform und eine sichere Mailverbindung. Die Kommunikationsplattform wird sehr aktiv und rege benutzt. Es werden aktuelle Ideen und Problemstellungen diskutiert und Erfahrungen ausgetauscht. Diese Kommunikation ist für eine dezentral und in unabhängigen Teams arbeitende Organisation sehr wichtig. Abschließend findet sich hier auch der Zugang zu einer sicheren Mailverbindung, welche dem internationalen Standard zum Austausch von Medizin- oder Pflegedaten entspricht (HL7 Standard).

Fazit

Die Digitalisierung wird im Nonprofit- oder Sozialmanagementbereich sicherlich weiter zunehmen. Es ist zu einfach, damit einhergehend eine grundlegende Veränderung der Managementlogik zu erwarten. Diese Entscheidung muss im Gegenteil aktiv vom Management getroffen und umgesetzt werden. Das heißt, eine Verflachung oder Abschaffung der Hierarchien muss zwingend durch hierarchische Entscheide getroffen werden! Es ist darüber hinaus darauf zu achten, dass die Vision, Strategie und die zentralen Handlungskonzepte durch die Digitalisierung unterstützt oder erst ermöglicht werden.

Für die Führung können sich durch die Digitalisierung durchaus Möglichkeiten und Herausforderungen ergeben. Eine der Möglichkeiten besteht beispielsweise darin, Organisationen transparenter aufzubauen und dadurch Partizipation, Demokratie und Aspekte der Selbstorganisation zu stärken. Auch in Bezug auf die Angebote bietet die Digitalisierung oftmals konkrete Möglichkeiten zur Innovation. So können bestehende Angebote digital optimiert werden, neue Angebote durch digitale Medien geschaffen und einzelne Organisationen können gar ein umfassendes digitales Geschäftsmodell entwickeln.

Die Digitalisierung ist mehr als Mittel zum Zweck, als Chance und als Werkzeug zu verstehen und führt nicht zwingend zu neuen und innovativen Managementideen und -konzepten. Wir sind somit weiterhin gefordert, uns bewusst, offen und auch kritisch den Herausforderungen der Digitalisierung zu stellen und zu entscheiden, welche Optionen und Möglichkeiten aufgegriffen und umgesetzt werden. Ein – im Zusammenhang mit der digitalen Entwicklung – gesunder Pragmatismus und eine bewusste, reflexive und selbstkritische Herangehensweise erweisen sich in diesem Rahmen sicherlich als notwendig und hilfreich.

Literatur

Bradford, Gray H.; Sarnak, Dana O. und Burgers, Jako S. (2015): Home Care by Self-Governing Nursing Teams: The Netherlands' Buurtzorg Model. Urban Institute. Research Report Health and Health Policy, Washington, DC.

Drucker, Peter (1988): The coming of the new Organization. In: Harvard Business Review January-February, S. 45–53.

Frei, Felix (2016): HIERARCHIE: Das Ende eines Erfolgsrezepts. Pabst Science Publishers, Lengerich.

Graeber, David (2016): Bürokratie – Die Utopie der Regeln. Klett-Cotta Verlag, Stuttgart.

Gratwohl, Natalie (2016): Mitarbeiter wählen ihren Chef ab? In: Neue Zürcher Zeitung vom 13.1.2016. Online unter: https://www.nzz.ch/wirtschaft/wirtschaftspolitik/mitarbeiter-waehlen-ihren-chef-ab-ld.4143.

Hamel, Gery (2012): What Matters Now: How to Win in a World of Relentless Change, Ferocious Competition, and Unstoppable Innovation. Jossey-Bass, San Francisco.

Hamel, Gery und Zanini, Michele (2016): The $3 Trillion Prize for Busting Bureaucracy (and How to Claim it). In: Humanistic Management Network, Research Paper Series No. 28/16. SSRN: Online unter: https://ssrn.com/abstract=2748842.

KPMG (2013): The Added Value of Buurtzorg Relative to Other Providers of Home Care: A Quantitative Analysis of Home Care in the Netherlands in 2013.

Kreitzer, Mary Jo; Monsen, Karen A.; Nandram, Sharda und de Blok, Jos (2015): Buurtzorg Nederland: A Global Model of Social Innovation, Change, and Whole-Systems Healing. In: Global Advances in Health and Medicine (4) 1, S. 40–44.

Laloux, Frederic, (2015): Reinventing Organizations: Ein Leitfaden zur Gestaltung sinnstiftender Formen der Zusammenarbeit. Verlag Franz Vahlen, München.

Leichsenring, Kai (2015): Buurtzorg Nederland – Ein innovatives Modell der Langzeitpflege revolutioniert die Hauskrankenpflege. In: ProCare 8 (2015), S. 22–24.

Martin, Karin S. (2005): The Omaha System: A key to practice, documentation, and information management. 2. Auflage, NE: Health Connections Press, Omaha.

Nandram, Sharda S. (2015): Organizational innovation and integrated care. Learning from Buurtzorg Nederland. Springer, Cham.

Nandram, Sharda S. und Koster, Nicole, (2014): Organizational innovation and integrated care: lessons from Buurtzorg. In: Journal of Integrated Care 22 (4), S. 174–184.

Reihlen, Markus (2009): Führung in Heterarchien. In: Albers, Sascha und Reihlen, Markus (Hrsg.): Management integrierter Wertschöpfungsnetzwerke. Kölner Wissenschaftsverlag, Köln, S. 75–111.

Saheb, Alexander (2016): Arbeiten ohne Chef und Hierachie. In: Neue Zürcher Zeitung vom 05.04.2016. Online unter: https://www.nzz.ch/wirtschaft/unterneh men/neue-firmenorganisation-arbeiten-ohne-chef-und-hierarchie-ld.11539.

Schaefer, Dominique; Bohn, Ursula und Crummenerl, Claudia (2017): Culture First! Von den Vorreitern des digitalen Wandels lernen. Capgemini Consulting, Offenbach am Main.

Schwarzmüller, Tanja; Brosi, Prisca und Welpe, Isabell M. (2017): Führung 4.0 – Wie die Digitalisierung Führung verändert. In: Hildebrandt, Alexandra und Landhäusser, Werner (Hrsg.): CSR und Digitalisierung. Management-Reihe Corporate Social Responsibility. Springer Gabler, Berlin/Heidelberg.

Telekom (2015): Arbeit 4.0: Megatrends digitaler Arbeit der Zukunft – 25 Thesen. Online unter: https://www.telekom.com/de/medien/medieninformationen/detai l/maschinen-werden-kuenftig-kollegen-sein-349222.

Vermer, Astrid und Wenting, Ben (2016): Self-Management – How it does work. reed business information, Reed Business BV, Amsterdam.

Welpe, Isabell M.; Tumasjan, Andranik und Theurer, Christian (2015): Der Blick der Managementforschung. In: Sattelberger, Thomas; Welpe, Isabell M. und Boes, Andreas (Hrsg.): Das demokratische Unternehmen: Neue Arbeits- und Führungskulturen im Zeitalter digitaler Wirtschaft. Haufe, Freiburg, S. 89–103.

Zeuch, Andreas (2015): Alle Macht für niemand – Aufbruch der Unternehmensdemokraten. Murmann Verlag, Hamburg.

Algorithmen, Geschäftsmodelle und strategische Netzwerkpartnerschaften
Die digitale Zukunft der Sozialwirtschaft – ein Blick hinter die Kulissen aktueller Forschungs- und Entwicklungsprojekte

Matthias Heuberger und Michael Vilain[1]

1. Digitalisierung des Sozialsektors

Die fortschreitende Digitalisierung der Gesellschaft und der damit einhergehende technische und soziale Wandel stellt den sozialen Sektor vor neue, bisher unbekannte Herausforderungen (vgl. Vilain und Kirchhoff-Kestel 2018). Gerade in Zeiten solch umfassender gesellschaftlicher Veränderungen kommt der frei-gemeinnützigen Wohlfahrtspflege in Deutschland als wichtigem Akteur in der Erbringung sozialer und gesundheitsorientierter Dienstleistungen in vielen Bereichen wie Jugend-, Alten- und Behindertenhilfe eine Schlüsselrolle zu (vgl. Vilain 2017; Boeßenecker und Vilain 2013). Durch die Digitalisierung wird es für die Wohlfahrt möglich und notwendig, das eigene Leistungsangebot abseits der im Sozialgesetzbuch verankerten Regelfinanzierung weiterzuentwickeln und neue, digital unterstützte Angebote oder gar soziale Innovationen zu generieren. Gleichzeitig kann die Digitalisierung genutzt werden, um eigene Geschäfts- und Arbeitsprozesse zu optimieren, Kooperationspotenziale aufzubauen und die eigene Organisationskultur weiterzuentwickeln (vgl. Horak et al. 2017; Hinz et al. 2014). Der Megatrend Digitalisierung stellt somit gleichermaßen Potenzial und Herausforderung für den sozialen Sektor dar. Voraussetzung hierfür ist, die digitale Inklusion der eigenen Zielgruppen durch passende Angebote zu fördern, die eigene digitale Leistungsfähigkeit zu steigern sowie passende Dienstleistungsmodelle zu entwickeln und so die soziale Infrastruktur in Deutschland zukunftsfähig zu halten

1 *Dr. Matthias Heuberger*, stellvertretender geschäftsführender Direktor am Institut für Zukunftsfragen der Gesundheits- und Sozialwirtschaft der Evangelischen Hochschule Darmstadt. E-Mail: matthias.heuberger@eh-darmstadt.de.
Dr. Michael Vilain, Professor für Allgemeine BWL, Geschäftsführender Direktor am Institut für Zukunftsfragen der Gesundheits- und Sozialwirtschaft der Evangelischen Hochschule Darmstadt. E-Mail: michael.vilain@eh-darmstadt.de.

(vgl. Ehlers 2016: 18 f.; Ehlers und Naegele 2017: 119 ff.). Trotz des hohen Potenzials und des wachsenden Konkurrenzdrucks schenken Wohlfahrtsverbände dem Thema Digitalisierung derzeit in der Fläche noch zu wenig Aufmerksamkeit (vgl. Horak et al. 2017; Kreidenweis in diesem Band). Die Gründe hierfür liegen weniger in einem Erkenntnis- als vielmehr in einem Umsetzungsdefizit. Dieser resultiert neben der mitunter geringen Innovationsbereitschaft aus fehlenden Kompetenzen, Ressourcen (vgl. Neumann et al. o. J.) sowie Ideen zu den Einsatzmöglichkeiten digitaler Technologien bei der Entwicklung sozialer Angebote und Dienstleistungen. Dabei gibt es eine ganze Reihe vielversprechender Ideen, die Praxis und Wissenschaft aktuell gemeinsam entwickeln, wie die in Kapitel 2 dargestellten Projektbeispiele zeigen.

2. Forschungsprojekte zur digitalen Transformation

Nachfolgend werden unterschiedliche Ansätze aus dem Bereich digitaler Netzwerke/Social Media, Prozessdigitalisierung sowie Big Data zur digitalen Unterstützung sozialer Angebote und Dienstleistungen vorgestellt und entsprechende Voraussetzungen und Erfolgsfaktoren und Herausforderungen für deren Umsetzung anhand dreier transdisziplinärer Forschungsprojekte des Instituts für Zukunftsfragen der Gesundheits- und Sozialwirtschaft (IZGS) der Evangelischen Hochschule Darmstadt und ihrer Partner herausgearbeitet.

2.1 Soziale Netzwerke – Caring und Sharing Communities (Social Media und Netzwerke)

Vor dem Hintergrund der demografischen Entwicklungen und der Erosion traditioneller sozialer Netzwerke (vgl. Diewald 1993) zielt das Projekt *„Generating Sharing and Caring Communities (GESCCO)[2]"* darauf ab, die Versorgung und soziale Integration in einer alternden und durch Isolation gefährdeten Gesellschaft sicherzustellen, indem teilende, personenbezogene Gemeinschaften (Sharing Communities) stimuliert und mit den Mög-

---

2 Das Projekt GESCCO wurde zwischen 2016 und 2020 vom Bundesministerium für Bildung und Forschung unter dem Förderkennzeichen 13FH003SX6 gefördert und gemeinsam mit den Städten Wiesbaden und Offenbach sowie dem Deutschen Roten Kreuz Wiesbaden und dem ASB Mittelhessen durchgeführt.

lichkeiten und Potenzialen eines professionellen Caring-Netzwerks verbunden werden[3]. Auf diese Weise wird sowohl der Schrumpfung der individuellen Netzwerke als einem der Kernprobleme des Alterns begegnet als auch die Anbindung an die mit zunehmendem Alter benötigten professionellen Unterstützungsstrukturen gesichert. Grundlegend hierfür ist die niedrigschwellige Integration von reziprok organisierter informeller, freundschaftlicher Hilfestellung (Sharing) mit bestehender und neu organisierter professioneller Unterstützungsleistung (Caring). Zentrale Voraussetzung für diese Form der Netzwerkarbeit ist die Schaffung, Verbindung und Orchestrierung beider Netzwerktypen unter Berücksichtigung deren unterschiedlichen Logiken. Ausgangspunkt im Projekt war dabei zunächst die Erhöhung der Medienkompetenz für Seniorinnen und Senioren hinsichtlich des Umganges mit Social Media und mobilen Endgeräten sowie die Neubetrachtung bestehender Beziehungen und genutzter Kommunikationswege zur Zielgruppe älterer Menschen durch die Wohlfahrtsverbände. Im Rahmen des Projektes wurden daher gemeinsam mit Praxispartnern an den zwei Standorten Wiesbaden und Offenbach teilende Gemeinschaften von jeweils etwa 50 älteren Probanden und Probandinnen initiiert. Diese wurden beispielsweise am Standort Offenbach sehr erfolgreich durch einen einmaligen Medienaufruf gewonnen.

Im Rahmen der dann stattfindenden Schulungen in einem vom Arbeiter-Samariter-Bund (ASB) betriebenen Seniorentreff erlernten die überwiegend nicht vorgebildeten Teilnehmenden wichtige Grundlagen der Tablet- und Handynutzung und wurden gleichzeitig zu eigenen Aktivitäten und zur Bildung von Gruppen angeregt. Betreut wurde diese Phase durch Techniker und eine Sozialarbeiterin des ASB. Bereits nach wenigen Wochen war die Entstehung digitaler Netzwerke (neben Mail und Skype vor allem über WhatsApp) zu beobachten. Schnell entwickelten sich hier Neigungsgruppen und gegenseitige Unterstützungsangebote (Mitfahrgelegenheiten, gemeinsame Konzert- und Kinobesuche etc.). So entstanden interessante kommunikative Mischformen, die rein digital (z. B. Online-Sprechstunden, Online-Votings, WhatsApp-Neigungsgruppen), hybrid (z. B. Beratungsleistungen, Flashmobs, Schulungsangebote) oder räumlich gebunden (z. B. Seminare, Mittagstische, Treffpunkte) stattfinden.

Hierbei werden auch solche „Leistungen" erbracht, die nicht oder nur sehr schlecht durch professionelle Anbieter gedeckt werden können (beispielsweise Freundschaft oder Trost) (vgl. Vilain et al. 2017: 226). In Ab-

---

3 Zur Definition und Differenzierung der Begrifflichkeiten der Caring und Sharing Community siehe auch Vilain et al. 2018: 55 ff.; sowie Klein 2018: 37 ff.

grenzung zu gängigen Sharing-Plattformen werden in GESCCO digitale Möglichkeiten genutzt, um zum einen die Sharing Communities zu organisieren und durch Impulse zu stimulieren und zum anderen die Schnittstellen zu professionellen Caring Communities zu gestalten und in Kombination der unterschiedlichen Netzwerktypen zusätzliche Synergien zu erzeugen. Dabei sind interessante neuartige Beziehungsformen entstanden, die sich weder als reine Kunden-, Mitgliedschafts- oder Ehrenamtsbeziehung beschreiben lassen noch sich im Rahmen eines modernen Mix aus Bindungs- und Verpflichtungswirkung einerseits sowie Unverbindlichkeit und Freiheit andererseits konstituieren (Abbildung 1).

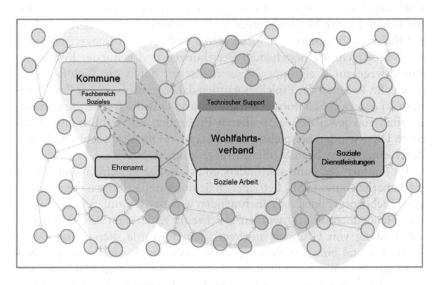

Abb. 1: Schematische Darstellung möglicher Beziehungszusammenhänge in Netzwerken (eigene Darstellung)

Diese Form der Vernetzung verlangt insbesondere von den orchestrierenden Wohlfahrtsverbänden die Restrukturierung bestehender Prozesse und die Ausgestaltung neuer Geschäftsbeziehungen. Als zentrale Erfolgsfaktoren wurden im Projekt GESCCO (als auch im vorausgehenden Projekt ENGESTINALA[4]) die begleitende Anwendung der Technologie durch Mitarbeiter des Wohlfahrtverbandes sowie eine niedrigschwellige und an

---

4 Das Projekt ENGESTINALA wurde zwischen 2013 und 2016 vom Bundesministerium für Bildung und Forschung unter dem Förderkennzeichen 03FH008SX3 gefördert.

die Lebenswelt der Menschen anschlussfähige Technik selbst identifiziert. Ferner ist es notwendig, die Sekundärbeziehungen zu beispielsweise Technik- und Telefonanbietern als Teil der eigenen wohlfahrtsverbandlichen Leistung gegenüber den Kunden zu betrachten. Zukünftige Herausforderungen für derartige Angebote ergeben sich aus der Notwendigkeit einer nachhaltigen Refinanzierung der erbrachten Leistungen für Wohlfahrtsverbände. Dazu müssen auch neuartige Finanzierungsformen jenseits der klassischen Finanzierung durch kommunale Kostenträger wie beispielsweise Mitgliedschafts-, Club- und Bezahlmodelle oder Kombinationen daraus in den Blick genommen werden.

2.2 Digitalisierung des Medikamentenmanagements (Prozessdigitalisierung)

Als Teil einer umfassenden Restrukturierung der (haus-)ärztlichen Versorgung älterer Menschen in stationären Pflegeeinrichtungen im ländlichen Odenwaldkreis wurde die Einführung eines onlinebasierten, digitalen Medikamentenmanagementsystems an der Schnittstelle zwischen stationären Pflegeeinrichtungen, Apotheken sowie Haus- und Fachärzten evaluiert.[5] Ziel der Einführung des Systems war die Verbesserung des potenziell fehleranfälligen, häufig zeitlich und örtlich fragmentierten und arbeitsaufwendigen Prozesses des Medikamentenmanagements. Dieser führt vor allem bei Pflegeheimbewohnern nicht selten zu fehlenden Arzneien, falschen Medikamenten oder nicht sachgemäßer Medikamentierung (z. B. falsche Dosierung). Das birgt aufgrund der physiologischen Besonderheiten im hohen Alter und der Menge der verabreichten Medikamente ein besonders hohes Risiko von unerwünschten Arzneimittelwirkungen (vgl. Heuberger und Vilain 2017: 16 f.). Die digitale Transformation eines klassisch analogen Systems in ein onlinebasiertes System kann hierbei einen wichtigen Beitrag zur Verbesserung des Prozesses leisten. Durch den onlinebasierten Zugriff auf einen festgeschriebenen, vollständigen und einheitlichen Datensatz sowie die Verknüpfung mit medikationsrelevanten Zusatzinformationen können potenzielle Wechselwirkungen mit bereits verordneten Medikamenten sowie Fehl- oder Doppelverordnungen vermieden und zeitliche Verzögerungen zwischen Verordnung und Verabreichung minimiert werden. Auch lassen sich Probleme, die durch schlecht

---

5 Die Evaluation war Teil des vom Hessischen Ministerium für Soziales und Integration im Jahr 2014 geförderten Projektes *Evaluation des Modellprojektes zur Sicherstellung der ärztlichen Versorgung in Pflegeeinrichtungen der Odenwälder Ärzte eG.*

lesbare Verordnungen, unterschiedliche Verwendungen und Interpretationen von Abkürzungen sowie Fehler in der Übertragung auf andere Medien entstehen, durch einen digitalen und einheitlichen Datenstamm vermeiden. Dies wirkt sich nicht nur positiv auf Versorgungsqualität und Patientensicherheit aus, sondern spart auch zeitliche und finanzielle Ressourcen.[6] Die Einführung des onlinebasierten Systems setzt eine organisationsübergreifende Anpassung der Prozesse und Abläufe und somit auch der dahinterliegenden Strukturen in den beteiligten Einrichtungen voraus. Die Anpassungen unterscheiden sich hierbei je nach Organisation und machen in Teilen interne Doppelstrukturen zu Gunsten einer einrichtungsübergreifenden Gesamtstruktur notwendig. Weitere Erfolgsfaktoren für die Umsetzung stellen eine hohe Nutzerakzeptanz der Anwender, die u. a. durch Schulungen erzielt werden kann, sowie die Gewährleistung von Datensicherheit und die Berücksichtigung der informellen Selbstbestimmung des Patienten dar (vgl. Heuberger und Vilain 2017: 16 ff.). Das Beispiel des Medikamentenmanagementsystems zeigt sowohl das hohe Potenzial der digitalen Transformation von analogen in digitale Prozesse als auch die mit einer erfolgreichen Umsetzung einhergehenden Anforderungen an die beteiligten Einrichtungen.

2.3 Verbrauchsdatenbasiertes Alarmierungs- und Frühwarnsystem (Big Data)

Neben der Gestaltung von Netzwerken und der Transformation bestehender Prozesse bringt die Digitalisierung auch ganz neue Möglichkeiten für die Entwicklung sozialer Dienstleistungen mit sich. Im Projekt *Zuhause eigenständig leben im Alter* (ZELIA)[7] wurde beispielsweise ein modernes Frühwarn- und Alarmierungssystem mittels der Analyse von Stromverbrauchsdaten über Smart Meter (Intelligente Stromzähler) entwickelt.[8] Ziel des Systems ist es, die digital erfassten Verbrauchsdaten eines Haushalts zu nutzen, um Notfallsituationen zu detektieren, diese an eine Einsatzzentrale zu übermitteln und entsprechende Reaktionsszenarien einzu-

---

6 Eine detaillierte Darstellung zu Möglichkeiten und Grenzen der Digitalisierung des Medikamentenmanagements in stationären Pflegeeinrichtungen findet sich in Heuberger und Vilain 2017.

7 Das Projekt ZELIA wurde zwischen 2015 und 2016 vom Bundesministerium für Bildung und Forschung unter dem Förderkennzeichen 01XZ14006 gefördert.

8 Grundsätzlich lässt dieser Ansatz auch die Einbeziehung von Gas- und Wasserverbrauchsdaten zu. Dies wurde aufgrund der ohnehin hohen Komplexität der Verbrauchsdatenmessung jedoch nicht weiter verfolgt.

leiten. Möglich wird dies, weil jedes elektronische Gerät eine einzigartige Stromsignatur erzeugt. Diese kann über die Smart-Meter-Geräte ausgelesen und mittels statistisch-mathematischer Verfahren bestimmt werden.[9] Die Nutzung einzelner Geräte (z. B. Herd, elektrische Zahnbürste, Licht) oder die Kombination unterschiedlicher Geräte erlauben dann Rückschlüsse auf Verhaltensweisen der Bewohner. Abweichungen von den erlernten Mustern werden in einer Einsatzzentrale gemeldet und lösen dort situativ angepasste Reaktionen aus. So kann ungewöhnliches und potenziell gefährliches Verhalten wie beispielsweise das nächtliche Anschalten des Backofens, fehlende Stromaktivität über mehrere Stunden oder fehlende Beleuchtung im Winter eine entsprechende Reaktion auslösen. Da solche Smart-Meter-Geräte im Laufe des nächsten Jahrzehnts bundesweit verbaut werden, liegt der wirtschaftliche Vorteil des Systems, beispielsweise gegenüber einem traditionellen Hausnotrufsystem, bei dem zusätzlich unterschiedliche Geräte installiert werden müssen, auf der Hand. Smart-Meter basierte Systeme können zudem Risiken und Gefahren erheblich eher anzeigen als klassische reaktive Warnsysteme, die eine aktive Auslösung durch den Nutzer voraussetzen. Sie sind auch dann noch aktiv, wenn der Nutzer beispielsweise aufgrund eines akuten Gesundheitsgeschehens nicht mehr in der Lage ist, selbst einen Alarm auszulösen.

Voraussetzung für den erfolgreichen Betrieb eines solchen Konzeptes ist zunächst die technische Realisierung. Dabei zeigte sich im Projektverlauf, dass die Entwicklung entsprechender Algorithmen die für den Umgang mit Big Data typischen Herausforderungen mit sich brachte. Während das Detektieren der Stromsignaturen noch gelang, war die Implementierung eines selbstlernenden, intelligenten Algorithmus, der zudem die sich überlagernden Signaturen unterschiedlicher Stromabnehmer sinnvoll interpretieren kann, mit erheblichen Herausforderungen verbunden. Eine weitere Herausforderung stellt die Orchestration eines umfassenden Anbieternetzwerks, bestehend aus sozialen Dienstleistern, Technikern, Programmierern und Energieversorgern sowie ehrenamtlichen und nachbarschaftlichen Akteuren (vgl. Vilain et al. 2016), dar. Die Interessenlagen und Handlungslogiken der Akteure unterschieden sich teilweise erheblich, sodass hier zunächst Kooperationsmodelle eingeübt werden mussten.

Das Projekt ZELIA zeigt aber auch, dass diese Form der Datennutzung für soziale Dienstleistungen auf eine hohe Nutzerakzeptanz bei den Verbrauchern stößt, da die Technik quasi unsichtbar im Haushalt integriert

---

9 Zur technischen Beschreibung des Projekts siehe auch den Beitrag von Max Pascher in diesem Band.

und damit niedrigschwellig, ohne Aufwand zu installieren und nicht stigmatisierend ist.[10] Die Liste der denkbaren Einsatzmöglichkeiten ist schier unerschöpflich. Gerade deshalb ist bei dieser Form der Datenerfassung und -auswertung eine intensive datenschutzrechtliche und ethische Diskussion über den Nutzen und den damit berührten Persönlichkeitsrechten zu führen. Entscheidend hierbei wird insbesondere sein, wer, wann und auf welche Weise Zugriff und Anrecht auf die Verbrauchsdaten der Nutzer hat und wie diese genutzt werden dürfen. Zukünftige Herausforderungen werden sein, bessere Algorithmen zu entwickeln, die technisch aufwendige Programmierung zu vereinfachen und so einen leichteren und schnelleren Einsatz der Technologie zu ermöglichen. Des Weiteren können Kooperationsmodelle zwischen Industrie, Stromwirtschaft, Kommunen und Nonprofit-Organisation nicht nur helfen, die Akzeptanz durch verantwortungsvolles Datensplitting (jeder nur die Daten, die unbedingt benötigt werden) zu erhöhen, sondern auch interessante Geschäftsmodelle an der Grenze zwischen kommunaler Daseinsvorsorge, sozialer Arbeit und Dienstleistungswirtschaft zu entwickeln.

3. Möglichkeiten und Grenzen der Digitalisierung des Sozialsektors

Die drei vorgestellten Forschungs- und Entwicklungsprojekte zeigen, wie digital gestützte Angebote einen Beitrag zur Sicherung der alltäglichen Lebensqualität, Gewährleistung von Sicherheit und zum Erhalt von Versorgungsqualität leisten können. Obwohl sich die drei Ansätze in ihrer Zielsetzung und den Rahmenbedingungen, unter denen sie durchgeführt wurden, maßgeblich unterscheiden, stellen strategische Netzwerkpartnerschaften und fachkundige Netzwerkpartner die Neuausrichtung bisheriger Organisationsprozesse sowie die frühzeitige Partizipation von Mitarbeitenden und Klienten projektübergreifende Erfolgsfaktoren für die Einführung digitaler Angebote in der Sozialwirtschaft dar.

Trotz solch positiver Beispiele ist das Thema Digitalisierung für viele Wohlfahrtsverbände nach wie vor eine schwer zu gestaltende Aufgabe. Denn es verlangt von den Verbänden nicht nur eine Veränderung der technischen Infrastruktur und eine Neuausrichtung bestehender Prozesse,

---

10 Erprobt wurde der Einsatz in rund 20 Testhaushalten. Dabei zeigte sich, dass nach umfassender Information der Probanden über Abläufe und die genutzten Verbrauchsdaten aus den jeweiligen Haushalten datenschutzrechtliche Bedenken keine Rolle spielten.

sondern auch Anpassungen in Qualitätsmanagement, Wissensmanagement, Kommunikation, Marketing, Mitgliederservice, Kunden- und Lieferantenbeziehung sowie Mitarbeiterqualifizierung und -führung (vgl. Mühlfelder et al. 2017: 89 ff.; Klauß 2014: 242; Vilain und Kirchhoff-Kestel 2018: 19) und damit der Angebotsphilosophie. Dies führt zunächst zu einem deutlichen Mehraufwand und potenziellen Doppelstrukturen (vgl. Hinz et al. 2014: 16), was sich allerdings auf dem Weg zu einem zukunfts- und serviceorientierten Wohlfahrtsverband (vgl. Klauß 2014: 242) nicht vermeiden lässt und die jeweilige Organisationskultur nachhaltig beeinflussen wird. Verbände müssen sich daher zukünftig professioneller, flexibler, effizienter, effektiver und serviceorientierter aufstellen (vgl. Schneider 2017), um das hohe Potenzial der Digitalisierung für den sozialen Sektor zu nutzen. Mit der Digitalisierung werden nicht nur neue Formen sozialer Angebote und Dienstleistungen möglich (vgl. Howaldt und Schwarz 2011: 221; Eurich 2018: 13), sondern es ergeben sich zudem neue Möglichkeiten zu deren Diffusion und Dissemination im Sinne einer sozialen Innovation. Gerade transdisziplinäre Ansätze, wie die dargestellten Beispiele, können hierbei maßgeblich zur Verbreitung sozialer Innovationen beitragen, insbesondere dann, wenn strategische Partnerschaften und Netzwerke die Grundlagen von Skalierungsbemühungen darstellen (vgl. Howaldt und Schwarz 2011: 227 ff.). Ferner werden neue Formen des Ehrenamtsmanagements und des Ehrenamts selbst möglich (vgl. Robra-Bissantz et al. 2017; Buhl und Frederking 2016: 137). Bis zur Nutzbarwerdung der positiven Aspekte der Digitalisierung im sozialen Bereich müssen allerdings noch viele offene Grundsatzfragen hinsichtlich Datenschutz, Finanzierung, Verantwortlichkeiten, rechtlicher Rahmenbedingungen und ethischer Gesichtspunkte beim Umgang mit vulnerablen Gruppen geklärt werden (vgl. Grates und Krön 2016: 42). Insbesondere bei den Aspekten Sicherheit und Ethik besteht eine hohe und berechtigte Erwartung seitens der Kunden an die Wohlfahrtsverbände, deren Interessen zu wahren, wobei Datenschutz sowie informationelle Selbstbestimmung über die jeweiligen wirtschaftlichen Interessen zu stellen sind. Auch müssen etablierte Prozesse in Teilen grundlegend in Frage gestellt und überprüft werden, da die digitale Transformation zwar Prozesse verbessern und erneuern kann, gleichzeitig aber die Gefahr birgt, ineffiziente und fehlerhafte Abläufe weiter zu automatisieren und somit zu verstetigen (vgl. Wiegand 2018: 175).

Digitalisierung birgt also auch für die Sozialwirtschaft erhebliche Potenziale, die allerdings auch aktiv gestaltet werden müssen. Dies ist unter den Rahmenbedingungen enger Finanzierung, fehlenden Know-hows und Fachkräftemangels sowohl in sozialen und pflegerischen als auch in technischen Berufen eine enorme Herausforderung. Aus der Erfahrung dieser und anderer Entwicklungsprojekte lässt sich jedoch sagen, dass die wesentliche Voraussetzung für die Digitalisierung in der Bereitschaft der Leitung und der Mitarbeitenden liegt, eine innovationsoffene Umgebung zu schaffen oder mindestens zuzulassen. Darüber hinaus lassen sich Innovationspotenziale für sozialwirtschaftliche Organisationen kaum im Alleingang heben. Kooperationen mit unterschiedlichen Partnern, vorzugsweise in innovativ aufgestellten Netzwerkverbünden, scheinen hier am erfolgversprechendsten. Finanziell gesehen ist eine zweckgebundene Erhöhung der staatlichen Zuwendungen wesentliche Voraussetzung für ein flächenmäßiges Gelingen. Dies liefe angesichts der erheblichen Mitarbeiter- und Klientenzahlen und der großen wirtschaftlichen Bedeutung der Gesundheits- und Sozialwirtschaft sowie der davon ausgehenden Effekte auf die Nachfrage nach Industrieprodukten und -diensten auch auf eine industriepolitisch bedeutsame Förderung des digitalen Standorts Deutschland hinaus.

Literatur

Boeßenecker, Karl-Heinz und Vilain, Michael (2013): Spitzenverbände der Freien Wohlfahrtspflege. Eine Einführung in Organisationsstrukturen und Handlungsfelder sozial-wirtschaftlicher Akteure in Deutschland, 2., vollständig überarbeitete Aufl. Beltz/Juventa, Weinheim.

Buhl, Oliver und Frederking, Angelika (2016): Herausforderungen der Kommunen und Chancen der Digitalisierung. In: Witpahl, Volker (Hrsg.): Digitalisierung. Bildung – Technik – Innovation. Springer, Wiesbaden, S. 133–140.

Diewald, Martin (1993): Hilfebeziehungen und soziale Differenzierung im Alter. In: Kölner Zeitschrift für Soziologie und Sozialpsychologie 1 (1993), 45 (4), S. 731–754.

Ehlers, Anja (2016): Digitale Kompetenz älterer Menschen – Ausgangspunkte und Herausforderungen für Weiterbildung. In: Bundesministerium für Familie, Frauen, Senioren und Jugend (Hrsg.): Runder Tisch „Aktives Altern – Übergänge gestalten" Arbeitsgruppe „Bildung im und für das Alter" Dokumentation zum Fachgespräch „Digitale Kompetenz älterer Menschen". ISS-Frankfurt, Frankfurt am Main, S. 18–25.

Ehlers, Anja und Naegele, Gerhard (2017): Soziale Ungleichheit und digitale Inklusion – ein relevantes Thema auch im Alter. In: Generali Deutschland AG (Hrsg.): Generali Altersstudie 2017 – Wie ältere Menschen in Deutschland denken und leben. Springer, Wiesbaden, S. 119–121.

Eurich, Johannes (2018): Innovationen im Bereich des Sozial- und Gesundheitswesens. In: Eurich, Johannes; Glatz-Schmallegger, Markus und Parpan-Blaser, Anne (Hrsg.): Gestaltung von Innovationen in Organisationen des Sozialwesens. Rahmenbedingungen, Konzepte und Praxisbezüge. Springer VS, Wiesbaden, S. 7–29.

Grates, Miriam und Krön, Annette (2016): Partizipation Älterer in der Technikentwicklung. Ein Spannungsfeld. In: Sozial Extra 6 (2016), S. 40–44.

Heuberger, Matthias und Vilain, Michael (2017): Möglichkeiten und Grenzen der Digitalisierung des Medikamentenmanagements in stationären Pflegeeinrichtungen. In: Krammer, Sandra; Swoboda, Walter und Pfannstiel, Mario (Hrsg.): Digitale Transformation von Dienstleistungen im Gesundheitswesen III. Springer-Verlag, Wiesbaden, S. 15 – 32.

Hinz, Ulrike; Wegener, Nora; Weber, Mike und Fromm, Jens (2014): Digitales bürgerschaftliches Engagement. Fraunhofer-Institut für Offene Kommunikationssysteme FOKUS, Berlin.

Horak, Christian; Baumüller, Josef und Bodenstorfer, Martin (2017): Steuerung in Nonprofit-Organisationen – Entwicklungsstand und Perspektiven. In: Theuvsen, Ludwig; Andeßner, René; Gmür, Markus und Greiling, Dorothea (Hrsg.): Nonprofit-Organisationen und Nachhaltigkeit. Springer Gabler, Wiesbaden, S. 79–87.

Howaldt, Jürgen und Schwarz, Michael (2011): Soziale Innovation – Gesellschaftliche Herausforderungen und zukünftige Forschungsfelder. In: Jeschke, Sabina; Isenhardt, Ingrid; Hees, Frank und Trantow, Sven (Hrsg.): Enabling Innovation. Springer, Wiesbaden, S. 217–238.

Klauß, Thomas (2014): Verbände Digital. Grundlagen, Strategie, Technologie, Praxis. Springer, Wiesbaden.

Klein, Ludger (2018): Caring Communities – Vom Leitbild zu Handlungsansätzen. In: Vilain, Michael und Wegner, Sebastian (Hrsg.): Crowds, Movements & Communities?! Tagungsband zum Social Talk 2016. Nomos, Baden-Baden, S. 37–54.

Mühlfelder, Manfred; Metting, Till und Klein, Uwe (2017): Change 4.0 – Agiles Veränderungsmanagement und Organisationsentwicklung in digitalen Transformationsprojekten. In: SRH Fernhochschule (Hrsg.): Digitalisierung in Wirtschaft und Wissenschaft. Springer, Wiesbaden, S. 89–101.

Neumann, Dirk; Liebmann, Michael und Thelen, Frank (o.J.): Digitalisierung des Ehrenamts – Wege aus dem Innovationsdilemma. Konzeptpapier Universität Freiburg.

Robra-Bissantz, Susanne; Becker, Felix; Abel, Pascal und Handke, Cedric (2017): Das „e-" in Partizipation. Wie Digitalisierung und Vernetzung eine erfolgsversprechende Partizipation ermöglichen. In: HMD Praxis der Wirtschaftsinformatik 4 (2017), S. 461–476.

Schneider, Wolfgang (2017): Psychosoziale Folgen der Digitalisierung. In: Psychotherapeut. Online Veröffentlichung 5 (2017); veröffentlicht am 22.05.2017. Springer Medizin Verlag, Berlin.

Vilain, Michael (2017): Der Dritte Sektor in einer dreigliedrigen Sozialpolitik. In: Kubon-Gilke, Gisela (Hrsg.): Gestalten der Sozialpolitik. Theoretische Grundlegungen und Anwendungsbeispiele. Metropolis, Marburg, S. 660–710.

Vilain, Michael; Heuberger Matthias und Wegner, Sebastian (2017): Caring-Profis oder Community-Organizer? Wohlfahrtsverbände und Hilfsorganisationen in Zeiten des „Sharings" am Beispiel einer Fallstudie. In: Theuvsen, Ludwig; Andeßner, René; Gmür, Markus und Greiling, Dorothea (Hrsg.): Nonprofit-Organisationen und Nachhaltigkeit. Springer Gabler, Wiesbaden, S. 225–233.

Vilain, Michael und Kirchhoff-Kestel, Susanne (2018): Herausforderungen des Managements von Wohlfahrtsverbänden in Zeiten digitalen Wandels. In: Gmür, Markus et al. (Hrsg.): Wohin entwickelt sich der Dritte Sektor? Konzeptionelle und empirische Beiträge aus der Forschung. Tagungsband zum 13. Internationalen NPO-Forschungscolloquium an der Universität Fribourg vom 19. und 20. April 2018. VMI, Fribourg, S. 189–198.

Vilain, Michael; Müller, Ulrich und Stein, Manfred (2018): Auf dem Weg zum Community Organizer? Von der Dienstleistung zur Gemeinschaft. In: Vilain, Michael und Wegner, Sebastian (Hrsg.): Crowds, Movements & Communities?! Tagungsband zum Social Talk 2016. Nomos, Baden-Baden, S. 45–58.

Vilain, Michael; Wegner, Sebastian und Heuberger, Matthias (2016): Strategieentwicklung zur Markteinführung eines Hausnotrufsystems auf Basis von Smart Meter. In: VDE (Hrsg.): Zukunft Lebensräume: Gesundheit, Selbstständigkeit und Komfort im demografischen Wandel Konzepte und Technologien für die Wohnungs-, Immobilien-, Gesundheits- und Pflegewirtschaft. VDE Verlag, Berlin, S. 276–281.

Wiegand, Bodo (2018): Der Weg aus der Digitalisierungsfalle. Springer Fachmedien, Wiesbaden.

Praxisbeispiel
Digitalisierung konkret: Wenn der Stromzähler weiß, ob es Oma gut geht. Beschreibung des minimalinvasiven Frühwarnsystems „ZELIA"

Max Pascher[1]

Im Rahmen des vom Bundesministerium für Bildung und Forschung (BMBF) geförderten Projektes ZELIA[2] – Zuhause eigenständig leben im Alter – wurden die Konzeption sowie die Möglichkeiten und Grenzen eines minimalinvasiven AAL-Ansatzes[3] erforscht, der ausschließlich auf der Auswertung von zentral gemessenen Verbrauchsdaten (wie elektrischem Strom, Gas und Wasser) beruhen. Der minimalinvasive Charakter wird dabei deutlich durch den bewussten Verzicht auf die Installation von Sensorik unmittelbar im Wohnraum sowie auf die entfallende Notwendigkeit der Interaktion mit einem Benutzer. Die Messung der Verbrauchsdaten erfolgt ausschließlich auf Basis von Messgeräten, die in den Haushalten aufgrund gesetzlicher Bestimmungen in naher Zukunft verbaut werden müssen, wodurch Zusatzkosten minimiert werden. Spürbare Eingriffe in die unmittelbare Privatsphäre sowie Bedienungsfehler werden so vermieden. Eine unmittelbare Konfrontation mit Technik entfällt, was – so eine These des Projektes – die Nutzerakzeptanz durchaus erhöhen könnte.

Mit der Beschreibung der aktuellen demografischen Entwicklung, der Bedarfe älterer Menschen in Bezug auf Hausnotrufsysteme und die derzeitige Marktdurchdringung soll zunächst die Ausgangslage des Projektes beschrieben werden. Anschließend wird die Funktionsweise des in ZELIA erprobten Frühwarnsystems dargestellt und schließlich die Datenerhebung und Ergebnisse diskutiert.

---

1 *Max Pascher*, Ingenieur und wissenschaftlicher Mitarbeiter an der Westfälischen Hochschule. E-Mail: max.pascher@w-hs.de.
2 Das Projekt ZELIA wurde im Zeitraum von 2015 bis 2016 vom Bundesministerium für Bildung und Forschung unter dem Förderkennzeichen 02K14Z024 gefördert und unter Leitung der EWIBO GmbH mit Beteiligung der Westfälischen Hochschule Bocholt, der Evangelischen Hochschule Darmstadt und dem Verein Leben im Alter realisiert.
3 Das Akronym AAL steht für Ambient Assisted Living.

Max Pascher

1. Ausgangslage

Als Folge des demografischen Wandels, dem erhöhten Pflegebedarf und der zunehmenden räumlichen Auflösung familiärer Strukturen in westlichen Industriegesellschaften lebt eine wachsende Anzahl von Menschen im Seniorenalter in oft weitgehend sozial isolierten Einpersonenhaushalten. Dadurch ist das Risiko, dass Unfälle oder akute medizinische Notfälle im Haushalt unbemerkt bleiben und erforderliche Hilfe ausbleibt, deutlich erhöht. Auch können Krankheiten mit einer schleichenden Entstehung und Entwicklung wie Alzheimer, als Beispiel einer degenerativen Demenz, oder Parkinson lange unentdeckt bleiben. Technische Hilfssysteme sollen hier zu mehr Sicherheit im häuslichen Umfeld beitragen. Die Funktionalität bereits etablierter (Hausnotruf-)Systeme setzt allerdings die Fähigkeit und den Willen der Interaktion des Benutzers voraus. Ergänzende Lösungen im AAL-Bereich umfassen die Installation und Verwendung zusätzlicher Sensoriksysteme im Wohnraum oder unmittelbar am Körper (vgl. Rashidi und Mihailidis 2013). Der Bedarf hat im Bereich der Informations- und Kommunikationstechnologie zur Entwicklung zahlreicher Ambient-Assisted-Living-Produkte geführt. Viele Begleitforschungen untersuchten darüber hinaus die Verwertbarkeit dieser Inventionen. Auch wenn ältere Menschen gegenüber neuen Technologien grundlegend aufgeschlossen sind (vgl. Viehweger et al. 2012; Meyer und Mollenkopf 2010; Cirkel et al. 2004), ist bislang eine unterdurchschnittliche Marktdurchdringung zu *ZELIA – Zuhause eigenständig leben im Alter* zu bilanzieren (vgl. Hilbert et al. 2008). Die teilweise hohen Anschaffungskosten und die mit dem Eindringen in die unmittelbare Privatsphäre verbundenen Probleme im Hinblick auf die informationelle Selbstbestimmung sowie den Schutz von persönlichen Daten wirken sich allerdings nachgewiesenermaßen negativ auf die Akzeptanz solcher Systeme aus (vgl. Berndt et al. 2009: 97–99).

An dieser Stellte setzt das vorgestellte Projekt an. ZELIA fokussiert die Entwicklung eines Frühwarn- und Alarmierungssystems auf Basis von Strom-, Wasser- und Gas-Daten. Das System adressiert ältere Menschen, die auch mit Unterstützungsbedarf in der eigenen Wohnung leben wollen.

Um Notsituationen zu detektieren, muss keine zusätzliche Sensorik im Wohnraum eingebaut werden. Ferner ist, im Gegensatz zum klassischen Hausnotruf, auch keine unmittelbare Interaktion zwischen Servicezentrale und Nutzer vorausgesetzt. Spürbare Eingriffe in die unmittelbare Privatsphäre sowie Bedienungsfehler werden so vermieden. Die Messung der Verbrauchsdaten erfolgt ausschließlich auf Basis von Messgeräten (z. B. Smart-Meter), die in den Haushalten aufgrund gesetzlicher Bestimmungen in naher Zukunft verbaut werden müssen, wodurch Zusatzkosten minimiert werden.

2. Funktionsweise des Frühwarnsystems

Das im Rahmen des Projektes konzipierte AAL-System ist in Abbildung 1 schematisch dargestellt: Der Bewohner nutzt wie bisher seine elektrischen Geräte im Haushalt. Die hierbei genutzte elektrische Wirkleistung wird in sehr kurzen Intervallen durch einen elektronischen Haushaltszähler (eHZ) gemessen. Sie sind der Ausgangspunkt des Gesamtsystems, denn im Rahmen der Umsetzung der Energiewende müssen nach dem aktuellen Rolloutplan des Gesetzgebers bis zum Jahr 2032 alle deutschen Haushalte ohnehin mit solchen Zählern ausgestattet werden[4]. Die Verbrauchsdaten werden ausgelesen und innerhalb einer kleinen Recheneinheit, welche im Haushalt installiert wird, zwischengespeichert. Im vorliegenden Projekt genügte dazu ein entsprechend programmierter Raspberry Pi.

In zeitlich kurzen Intervallen werden diese Datensätze an einen zentralen Auswertungsserver übermittelt. Die entgegengenommenen Datensätze werden innerhalb der analytischen Auswertung mit den bereits vom Haushalt vorhandenen, kategorisierten Energieverbrauchsverläufen unter Einbeziehung weiterer für die Analyse wichtiger Kriterien verglichen. Bei einem detektierten ungewöhnlichen Verhalten des Bewohners, das auf eine potenzielle Notlage hindeuten könnte, wird ein festgelegter Ansprechpartner, z. B. ein Angehöriger oder ein Pflegedienst, benachrichtigt.

Aufgrund der Sensibilität der erfassten Verbrauchsdaten ist Datenschutz ein zentrales Thema in der Gestaltung des Systems. Zum Ablesen der aktu-

---

4 Für Haushalte mit einem Jahresenergieverbrauch von mehr als 6 000 kWh ist die Verwendung voraussichtlich ab dem Jahr 2021 verpflichtend (vgl. Bundesministerium für Wirtschaft und Energie 2015: 6 ff.). Einpersonenhaushalte haben in der Regel einen niedrigeren Energieverbrauch. Da für Energieversorgungsunternehmen bei Verwendung von eHZ der Aufwand für Ablesung und Abrechnung sinkt, werden aber möglicherweise in absehbarer Zeit mehr Haushalte mit eHZ ausgerüstet, als gesetzlich vorgeschrieben. Darüber hinaus können sich aufgrund der anhaltenden Diskussion zum Thema Energiewende und intelligente Messsysteme sowie durch sinkende Preise der eHZ die gesetzlichen Bestimmungen kurzfristig ändern (vgl. Bundesministerium für Wirtschaft und Energie 2015: 5). Dies hätte zur Folge, dass bereits in naher Zukunft eine größere Anzahl von Einpersonenhaushalten mit eHZ ausgestattet wird und so ein Anschluss an das entwickelte AAL-System mit geringem Zusatzaufwand möglich ist. Eine Umrüstung eines Haushalts auf eigene Kosten ist ebenfalls jederzeit möglich.

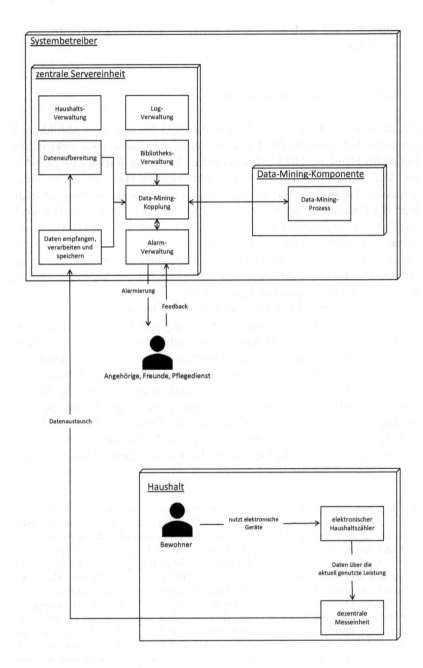

Abb. 1: Schematischer Entwurf des Gesamtsystems (eigene Darstellung)

ellen Energienutzung verfügen die eingesetzten eHZ über eine optische D0-Schnittstelle nach EN 62056 (IEC1107), mit der die Messdaten über eine Ablesesonde ausgelesen werden können. Bei der Anbindung des elektronischen Haushaltszählers an das Gesamtsystem wurden besonders die damit verbundenen Aspekte des Datenschutzes und der IT-Sicherheit berücksichtigt. So verwendet der Raspberry Pi 2 B, welcher als Recheneinheit innerhalb des Haushalts genutzt wird, als Betriebssystem ein modifiziertes Raspbian, um die Daten vor möglichen Hackerangriffen, aber auch gegen physischen Zugang zur Hardware, zu schützen. Auf dem Pi wird eine Pseudonymisierung aller Daten durchgeführt. Zum Versand der Daten an den Server werden moderne Integritäts- und Verschlüsselungsverfahren (z. B. 256-AES-CBC) angewandt, um dem hohen Schutzbedarf der Daten gerecht zu werden.

3. Datenerhebung und Analyse

Im Rahmen der Praxisphase des Projektes im Zeitraum von 2015 bis 2016 wurden insgesamt 20 Haushalte mit entsprechenden elektrischen Haushaltszählern und Recheneinheiten ausgestattet. Somit konnten insgesamt 20 individuelle Nutzerprofile generiert werden, die insgesamt 313 Millionen Messwerte erfassten. Dabei handelt es sich um Messwerte der verbrauchten Wirkleistung (in Watt) in Form von hochfrequenten und nichtäquidistanten Zeitreihen. Des Weiteren liegen für jeden einzelnen Haushalt zusätzliche Daten vor, z. B. die exakte geografische Lage, das Alter des Bewohners sowie verschiedene Daten zur Ausstattung der Wohnung. Um einen Eindruck über die Struktur der Verbrauchszeitreihen zu bekommen und verschiedene methodische Probleme zu erläutern, die bei der Verwendung dieser Daten zum Monitoring des Wohlergehens von alleine lebenden Senioren auftreten, sind in Abbildung 2 zwei Ausschnitte unterschiedlicher Länge eines Testhaushalts dargestellt. So lässt sich unter (a) der Einschalt- und ein Abschaltvorgang eines Gerätes erkennen, welches mitten in der Nacht für 44 Sekunden in Betrieb war (in diesem Fall eine Glühlampe). Abbildungsteil (b) zeigt hingegen ein Gerät, welches eine charakteristische Einschaltspitze (hier: elektrische Heizung mit Ventilator) hervorruft und für 20 Minuten in Betrieb ist.

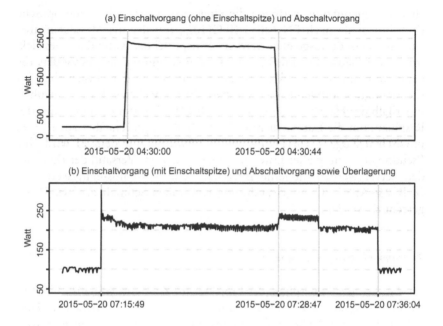

Abb. 2: Ausschnitte der gemessenen Wirkleistung eines Haushaltsgerätes (eigene Darstellung)

Die Identifikation der einzelnen Verbraucher im Rahmen einer Disaggregation der Zeitreihe stellt jedoch eine besondere Herausforderung dar, da die sich überlagernden Effekte das Profil eines individuellen Verbrauchers verschleiern. Das Monitoring-System beruht auf der Idee, auf Basis der historischen Daten eines Haushalts typische tagesbasierte Aktivitätsprofile zu erstellen. Die Aktivitätsprofile legen einen 24-Stunden-Zyklus zugrunde, der jeweils um 4.00 Uhr morgens beginnt.

Die Aktivitätsprofile sind die Menge aller auf Basis von sogenannten Charakteristiken abgeleiteter Größen, die in ihrer Gesamtheit die typische Aktivität eines Haushalts quantifizieren. Als Charakteristiken werden verschiedene mess- oder zählbare Größen und Ereignisse bezeichnet, wobei zwischen geräteabhängigen und geräteunabhängigen Charakteristiken unterschieden wird. Für jede geräteunabhängige Charakteristik wird auf Basis der historischen Daten ein Referenzpfad sowie ein dazugehöriges Monitoring-Intervall bestimmt, wobei für das Monitoring an sich nur die Monitoring-Intervalle benötigt werden. Abbildung 3 zeigt zwei Monitoring-Ergebnisse auf der Basis charakteristischer Stromverbräuche, wobei Abbildungsteil (a) Pfade von normalen, d. h. unauffälligen, Tagen eines Haushaltes zeigt und (b) den Pfad eines Tages, an dem eine Auffälligkeit (Verlassen des Monitoring-Intervalls dargestellt an den gestrichelten Linien) detektiert wurde.

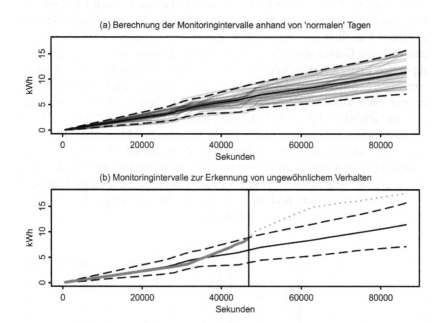

Abb. 3: Monitoring auf Basis der Charakteristik „Stromverbrauch" (eigene Darstellung).

Treffen neue Messdaten von den Haushalten auf dem Auswertungsserver ein, werden die Pfade aller Charakteristiken bis zum aktuellen Zeitpunkt bestimmt und mit den entsprechenden Monitoring-Intervallen verglichen. Liegen ein oder mehrere aktuelle Pfade außerhalb der jeweiligen Intervallgrenzen, ist eine Alarmsituation detektiert und es erfolgt eine Alarmierung. Die geräteabhängigen Charakteristiken beruhen auf der Identifikation einzelner Geräte aus dem Gesamtstromverbrauch eines Haushalts. Die Geräte in einem Haushalt lassen sich hinsichtlich ihrer Stromsignaturen grundsätzlich in zwei Klassen aufteilen. Auf der einen Seite gibt es manuelle Geräte, die aktiv bedient werden müssen (z. B. Kaffeemaschinen, Herde, Fernseher). Solche Geräte sind für die Erstellung der Aktivitätsprofile naturgemäß von besonderem Interesse, da die daraus ableitbaren Charakteristiken unmittelbar auf das Wohlergehen beziehungsweise auf die Fähigkeit zur Bedienung von elektronischen Verbrauchern eines Bewohners schließen lassen. Auf der anderen Seite gibt es in einem Haushalt in der Regel autonome Geräte, welche permanent eingeschaltet sind und die sich zeit- oder ereignisgesteuert selbstständig aktivieren (z. B. Radiowecker, Kühlschränke, Gefriertruhen). Durch solche Geräte kann im Energieverbrauchsbild unter Umständen ein unzutreffender Eindruck von Aktivität in einem Haushalt erzeugt werden. Zuvor wurden unter Laborbedingungen mehrere Geräte aus verschiedenen Geräteklassen gemessen, um deren typischen Energieverlauf bzw. Signatur zu erfassen. Um im Gesamtsystem eine hohe Sensitivität und Spezifität zu erreichen, ist daher die Identifikation einzelner Geräte und deren Klassifizierung von zentraler Bedeutung. Dies ist Gegenstand der NIALM-Forschung (Nonintrusive Appliance Load Measurement), welche auf Hart (1992) zurückgeht (Abbildung 4). Dabei werden im linken Bild durchschnittliche Zeitspannen zwischen den Einschaltevents einzelner Profilcluster oder Einschaltzeitpunkte über den ganzen zugrunde liegenden Tag für (a) Profilcluster 1 und (b) Profilcluster 3 dargestellt. Im rechten Bild ist veranschaulicht, wie lange das jeweilige Profilcluster an einen Tag eingeschaltet war.

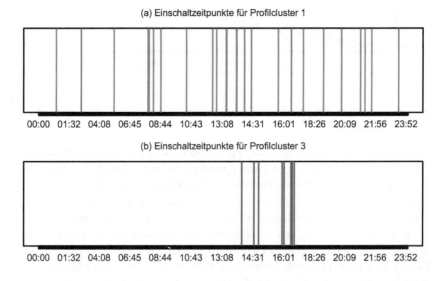

(a) Einschaltzeitpunkte für Profilcluster 1

00:00 01:32 04:08 06:45 08:44 10:43 13:08 14:31 16:01 18:26 20:09 21:56 23:52

(b) Einschaltzeitpunkte für Profilcluster 3

00:00 01:32 04:08 06:45 08:44 10:43 13:08 14:31 16:01 18:26 20:09 21:56 23:52

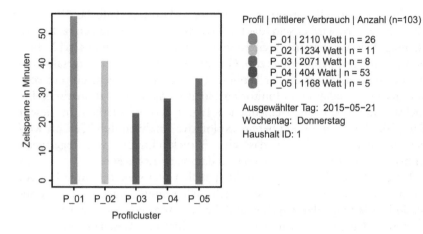

Abb. 4: *Einschaltprofile. Links: Ein- und Ausschaltvorgänge einzelner Profil-cluster über den Tag. Rechts: Dauer des Betriebs pro Profilcluster (eigene Darstellung)*

4. Ergebnisse und Diskussion

Innerhalb des Projektes wurde bereits eine vollwertige Software-Architektur für ein verteiltes System, unter der durchgehenden Berücksichtigung von Security-by-design-Richtlinien, konzipiert und implementiert, welches einen Datenaustausch zwischen den dezentral in den Haushalten montierten Raspberry Pi's und dem zentralen Server-System, die automatische statistische Analyse der eingehenden Daten für das eigentliche Monitoring sowie eine daraus gegebenenfalls resultierende Benachrichtigung der Angehörigen im Falle einer Unregelmäßigkeit ermöglicht. Die verwendeten Prinzipien zum Datenschutz und zum Schutz vor Fremdzugriff erschweren es potenziellen Angreifern, sich Zugriff auf das System und gegebenenfalls auf personenbezogene Daten zu verschaffen.

Die Tatsache, dass im Rahmen dieses Projektes vorerst ausschließlich die elektrische Wirkleistung für eine statistische Analyse des Stromverbrauchs erhoben wurde, stellt methodisch eine besondere Herausforderung dar (vgl. Zeifman 2011), insbesondere im Hinblick auf die Einzelgeräteerkennung (NIALM). Vor dem Hintergrund des Projektziels war es notwendig, völlig neue Ansätze zu entwickeln. Diese haben sich bislang als durchaus vielversprechend erwiesen. Gegenwärtig werden die vorhandenen Testhaushalte mit modernen, auslesbaren Wasserzählern ausgestattet. Die zusätzliche Berücksichtigung von Wasserverbrauchsdaten ist für das Monitoring potenziell sehr wertvoll, da Vorgänge mit Wasserverbrauch fast immer manuell initiiert werden. Eine zukünftige Aufgabe dieses lernenden Systems wird es sein, die Einflüsse von Kalendereffekten (z. B. Wochentag, Feiertag, Ferien), Wettereffekten (z. B. gutes Wetter vs. schlechtes Wetter) und Sondereffekten (z. B. Geburtstagsfeiern) auf die Tagesaktivitäten der Nutzer innerhalb der Wohnung zu berücksichtigen. Für ein vollautomatisches, adaptives Monitoringsystem ist dann die automatische Berücksichtigung von unterschiedlichen Tagestypen erforderlich. In diesem Teilgebiet konnten bislang bereits explorative Analysen durchgeführt werden, die darauf hindeuten, dass eine Berücksichtigung von Tagestypen sinnvoll ist. Weitere Forschungen sind daran anzuschließen.

Unter Managementgesichtspunkten stellen sich weitergehende Fragen, auf die in diesem Rahmen jedoch nicht näher eingegangen werden konnte. So ist die Frage der Zugriffs- und Auswertungsrechte sowie der Rollen in diesem Gesamthilfesystem im Rahmen hybrider Geschäftsmodelle zu definieren. Dies stellte sich im Rahmen des Projektes ebenfalls als keineswegs trivial heraus. Für Organisationen der Sozialwirtschaft wurde jedoch deutlich, dass die technischen Kompetenzen und Schnittstellen erheblich ausgebaut werden müssen, um bei den anstehenden Entwicklungen mithalten zu können. Dies ist erforderlich, da selbstlernende Systeme durchaus disruptives Potenzial haben und angestammte Geschäftsfelder (z. B. Hausnotruf) plötzlich ersetzen können.

Literatur

Berndt, Erhard; Böhm, Uta; Daroszewska, Agata; Dierks, Christian; Freytag, Antje; Gothe, Holger; Meyer, Sybille; Oesterreich, Detlef; Schulze, Eva; Storz, Philipp und Wichert, Reiner (2009): Schlussbericht: Marktpotenziale, Entwicklungschancen, Gesellschaftliche, gesundheitliche und ökonomische Effekte der zukünftigen Nutzung von Ambient Assisted Living (AAL)-Technologien. Fraunhofer-Institut für Graphische Datenverarbeitung. Rostock.

Bundesministerium für Wirtschaft und Energie (2015): Baustein für die Energiewende: 7 Eckpunkte für das „Verordnungspaket Intelligente Netze". BMWi, Berlin.

Cirkel, Michael; Evans, Michaela; Hilbert, Josef und Scharfenorth, Karin (2004): Mit dem Alter in die Dienstleistungsgesellschaft? In: WSI Mitteilungen. Wirtschafts- und Sozialwissenschaftliches Institut, S. 540–546.

Hart, George William (1992): Nonintrusive appliance load monitoring. In: Proceedings of the IEEE 80 (12), S. 1870–1891.

Hilbert, Josef; Paulus, Wolfgang und Heinze, Rolf G. (2008): Der Gesundheits-standort Haushalt: Mit Telematik in eine neue Zukunft? In: Forschung Aktuell, Institut Arbeit und Technik der Fachhochschule Gelsenkirchen, Gelsenkirchen, S. 16 – 17.

Meyer, Sybille und Mollenkopf, Heidrun (2010): AAL in der alternden Gesellschaft – Anforderungen, Akzeptanz und Perspektiven: Analyse und Planungshilfe. VDE Verlag, Berlin.

Rashidi, Parisa und Mihailidis, Alex (2013): A Survey on Ambient-Assisted Living Tools for Older Adults; Biomedical and Health Informatics. In: IEEE Journal 17 (3), S. 579–590.

Viehweger, Axel; Brylok, Alexandra; Uhlman, Michael; Zimmermann, Ulrich und Israel, Dagmar (2012): Geschäftsmodell- und Dienstleistungsansätze unter Ein-beziehung von AAL-Systemen im Bereich des Wohnens. In: Gersch, Martin und Liesenfeld, Joachim (Hrsg.): AAL- und E-Health-Geschäftsmodelle. Gabler Ver-lag | Springer Fachmedien, Wiesbaden, S. 179–212.

Zeifman, Michael und Roth, Kurt (2011): Nonintrusive appliance load moni-toring: Review and outlook. In: IEEE Transactions on Consumer Electronics 57 (1), S. 76–84.

Praxisbeispiel
SUP2U – Die Plattform für die digitale „Dorfgemeinschaft"

Andreas Schmidt[1]

Auch oder gerade in der digitalen Zukunft gilt das SUP2U-Motto „Ohne den Menschen ist alles nichts." Wir vernetzen Menschen in geschlossenen und sicheren Gruppen. Damit fördern wir gegenseitiges Helfen in Partnerschaft mit professionellen Anbietern. Die SUP2U-App stellt hierzu eine einfache und moderne Kommunikationsplattform zur Verfügung und öffnet die Möglichkeiten einer Sharing Economy für jedermann: gemeinsame Nutzung von Autos, Werkzeugen und Essen. Durch Einbinden neuer Technologien wie z. B. Stiller Alarm, Amazon Echo oder Arzt-Patienten-Videotelefonie können unsere Ziele, die Lebensqualität der Menschen zu verbessern, Sicherheit zu erhöhen sowie die Devise „Raus aus der Anonymität und Vereinsamung!" zu realisieren, erreicht werden. Das neue soziale Netzwerk SUP2U-Konzept (support to you – Unterstützung für Dich) stellt den Menschen in den Mittelpunkt. Digitalisierung und moderne Technik soll dem Menschen dienen, ohne ihn zu überfordern.

Problem heutiger Netzwerke: Selbst bei wenigen „Freunden" wird der einzelne Nutzer schnell überfordert von der Vielzahl der auf ihn einstürmenden „Infos und Neuigkeiten".

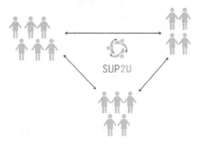

Abb. 1: Schematische Darstellung SUP2U-Gruppenprinzip: Gemeinsam und weniger komplex – so geht es leichter (eigene Darstellung).

---

1 *Andreas Schmidt* ist Geschäftsführer der SUP2U GmbH. E-Mail: info@sup2u.de.

Zentraler Ausgangspunkt bei SUP2U ist die Gruppe (Abbildung 1). Innerhalb einer Gruppe kennt man sich und vertraut einander: in der Familie, beim Sport oder Kunstverein oder in der Kirchengemeinde. Für diese Gruppen stellt SUP2U eine zusätzliche Kommunikationsmöglichkeit zur Verfügung und eröffnet damit einen ersten Schritt aus der Isolation. Im zweiten Schritt bietet die SUP2U-Plattform (siehe Abbildung 2) die Möglichkeit, z. B. Neuigkeiten in der Region, Ideen für gemeinsame Aktivitäten oder auch polizeiliche Warnhinweise zu erhalten, die dann innerhalb der Gruppe gemeinsam genutzt werden können. Als fühlbares Ergebnis für den Einzelnen wird die Sicherheit erhöht. Da fast jeder Mensch sich in mehreren Gruppen bewegt, eröffnen sich fast automatisch neue Möglichkeiten. Im dritten Schritt vernetzen sich Gruppen oder Gruppenmitglieder untereinander: Die Hundefreunde, die sich beim „Gassigehen" helfen, entdecken ihre gemeinsame Liebe zum Theater und verabreden sich nicht nur über die SUP2U-App, sondern vereinbaren auch gleich die gemeinsame Fahrt zur Vorstellung.

Hallo liebe SUP2U User,

einfach mal der Gruppe mit dem Klick auf das "+" Zeichen beitreten und vom Admin freigeschaltet werden oder mit dem Username Test und Passwort start anmelden, und die vielfältigen Möglichkeiten der App Plattform für ihre Nachbarschaft, ihr Unternehmen, ihren Verein, ihr Netzwerk uvm.live zu erleben.

Sie haben Fragen - Fragen zur Bedienung finden Sie, wenn der Gruppe beigetreten sind, im Menüpunkt"Dokumente" in der Datei FAQ.

Abb. 2: Screenshot App-Plattform SUP2U

Existiert erst einmal eine solche moderne Nachbarschaft, ist es nur noch ein kleiner Schritt dahin, andere Möglichkeiten der Digitalisierung zu nutzen: Carsharing, auch oder gerade auf dem Land und unter Einbeziehung von Älteren und Jugendlichen, oder aber der Austausch von Werkzeugen, Büchern oder Essen. Und dann ist es wiederum nur ein kleiner Schritt zur nächsten Ebene: Im Notfall steht ein Nachbar für schnelle Hilfe bereit. Natürlich unterstützen gerade dann moderne Technik und Digitalisierung, koordiniert von SUP2U, alle Nutzer. Sprach- und Videosysteme (wie z. B. Alexa) schaffen eine Verbindung auch für Pflegebedürftige. Notrufknöpfe geben Kindern oder Senioren mobile Sicherheit und durch die Einbindung entfernt lebender Familienangehöriger kommen Menschen aus der Vereinsamung, ohne dass eine aufwendige und kostspielige Dauerbetreuung notwendig ist.

Und die Entwicklung geht weiter: Gemeinsam mit MD Medicus, dem Gesundheitspartner von SUP2U, werden gerade Konzepte wie ärztliche Videoberatung (inklusive zugeschalteter Familienangehöriger) oder automatische Notrufe (z. B. über Alexa oder Smart-Home-Funktionen) entwickelt.

Die Möglichkeiten der offenen SUP2U-Plattform sind dabei beinahe grenzenlos und werden aktuell in unterschiedlichen Pilotprojekten umgesetzt: an Schulen zur Nutzung von digitalen Lernmethoden, in Nachbarschaften beim Einsatz von Carsharing oder in Vereinen zur direkten Kommunikation mit den Mitgliedern und Aktiven – um nur einige Beispiele zu nennen. Und mit jeder neuen Hausverwaltung, Firma, Schule oder Gemeinde wächst die digitale Dorfgemeinschaft und damit die Möglichkeiten, sich zu vernetzen.

Erste Erfahrungen zeigen, dass SUP2U anfänglich hauptsächlich zur internen Kommunikation genutzt wird, aber dann mehr und mehr die oben beschriebenen Schritte zur Vernetzung angenommen werden. Idealerweise erfolgt dabei auch ein generationenübergreifender Austausch: Der Schüler hilft dem Senior beim Einkauf und erhält dafür Nachhilfe in Englisch und die junge Familie fährt den Nachbarn zum Arzt, hat aber im Gegenzug ein zuverlässiges Kindermädchen. Gelebte Nachbarschaftshilfe ist damit auch, oder gerade, in einer digitalen Welt ohne übertriebene Komplexität und Ängste möglich.

Fazit: Man kennt sich, man hilft sich – das ist leider in der Realität oftmals nur ein schöner Wunsch. Tatsächlich leben Familien häufig räumlich getrennt und selbst die Beziehung zu Nachbarn ist meistens von Misstrauen und Vorsicht geprägt. Durch die von SUP2U ermöglichte netzwerkartige Organisation in Gruppen mindert sich zum einen die Komplexität des Informationsaustausches und zum anderen öffnen sich, unterstützt durch technische (digitale) Hilfsmittel, die Möglichkeiten zu persönlichen Kontakten und Beziehungen. Auf diese Weise kann auch ein Beitrag zu einem Leben in Selbstständigkeit und Freiheit in schwierigen Lebenslagen geleistet werden, ohne dass Angst vor Informationsüberflutung und Technik zu Überforderung führen.

Praxisbeispiel
Virtual Life Saving – Virtuelle Realität in der Ausbildung zum Notfallsanitäter

Philipp Köhler[1]

Als Arbeitgeber für über 750 Menschen in der Region Rheinhessen-Nahe und als größter Anbieter im Rettungsdienst in Rheinland Pfalz ist es Ziel und Selbstverständnis des Deutschen Roten Kreuzes, auch neue Technologien und Digitalisierung in die Ausbildung zum Notfallsanitäter mit einzubeziehen.

Konkret werden digitale Technologien und ein virtueller Rettungswagen als Trainingskonzept zur Ausbildung im modernen Rettungsdienst eingesetzt. Bisher kannte man Entwicklungen auf Basis von „Virtual Reality" hauptsächlich aus dem Spielesegment, doch immer mehr Anwendungen im medizinischen und einsatztaktischen Bereich nutzen die Zukunftstechnologie für ihre Zwecke. Ein Beispiel stellt das Projekt „RTW360VR" des DRK-Rettungsdienstes Rheinhessen-Nahe dar, welches künftig die Aus- und Fortbildung von Rettungsdienstpersonal ergänzen soll. Die Idee zum „VR-RTW" entstand, nachdem man bei einem Praxistag für Auszubildende ein 360°-Video erstellt hatte. In diesem Video konnte sich der Betrachter umschauen und die rettungsdienstlichen Maßnahmen bei einem Verkehrsunfall live in 360° erleben. Schnell merkte man den Vorteil dieser Technologie, vermisste jedoch die Interaktion in der Szene. Inspiriert durch einen Besuch der CeBIT-Messe und dem dort entstandenen Kontakt zum Unternehmen pool3 aus Österreich, entschloss man sich zur Entwicklung einer immersiven Plattform mit der Möglichkeit der Interkation mit einem 3D-Patienten in einem realistisch programmierten Rettungswagen im Maßstab 1:1. Innerhalb weniger Wochen entstand so ein Pilotprojekt mit diversen Möglichkeiten. Finanzierungsgrundlage waren vor allen Spenden von Technikunternehmen wie HTC und Schenker XMG. Hierbei stellte HTC zwei VR-Brillensysteme vom Typ „HTV Vive" zur Verfügung und Schenker XMG unterstützte mit einem Hochleistungslaptop sowie

---

1 *Philipp Köhler*, Unternehmenskommunikation und Pressesprecher DRK-Rettungsdienst Rheinhessen-Nahe. E-Mail: philipp.koehler@drk-rhein-nahe.de.

einem „XMG Walker" genannten Rucksack-PC. Für die Virtualisierung des Rettungswagens nutzten die Entwickler CAD-Daten der Hersteller von Fahrzeugausbau und Medizintechnik, um eine hohe Detailtreue zu erreichen. Unter anderem wirkten dabei die Firmen Messmer Medizintechnik, Fleischhacker und Weinmann mit. Erstmals wurde der VR-RTW auf der RETTmobil-Messe in Fulda 2017 vorgestellt und begeisterte direkt das Fachpublikum.

Aktuell bietet der „VR-RTW" bereits die Möglichkeit eines intravenösen Zugangs, der Platzierung von intraossärem Zugang und der Beatmung des 3D-Patienten mittels Beatmungsbeutel. Auch mehrere Schränke sind bereits befüllt und durch den Anwender zu öffnen. Für das Training mit dem VR-RTW benötigt man nur eine freie Fläche von fünf mal fünf Metern und einen Stromanschluss für die Hardware. Durch die hohe optische Qualität der HTC-Vive-Brille werden Nebenerscheinungen wie Cybersickness (Übelkeit durch Nutzung von VR-Brillen) nahezu ausgeschlossen und der Nutzer taucht in wenigen Sekunden völlig in die virtuelle Szenerie ein. Insbesondere die hohe Rechenleistung des Computers, der 90 Bilder pro Sekunde verarbeiten muss und dabei nicht puffern kann, ist Grundvoraussetzung für den reibungslosen Betrieb des Systems. Der XMG Walker als Rucksack-PC sorgt zudem für eine kabelfreie Nutzung des Systems.

Für die Zukunft plant man beim DRK-Rettungsdienst Rheinhessen-Nahe den Ausbau des VR-Systems und die Integration in die betriebliche Aus- und Fortbildung. Hierzu sind weitere Funktionsmodule wie beispielsweise ein Traumamodul, ein Fahrsimulator für Einsatzfahrten, Geräusche sowie ein Anatomiemodul geplant. Um die Entwicklung des VR-Systems weiter vorantreiben zu können, sucht der DRK-Rettungsdienst Rheinhessen-Nahe mit Sitz in Mainz nach Sponsoren.

Die Einsatzmöglichkeiten des VR-RTW sind je nach Entwicklungsstand des Modells sehr flexibel. Der VR-RTW kann beispielsweise ein realistisches Modell des gewohnten Fahrzeugtyps für die rettungsdienstliche Aus-, Fort- und Weiterbildung sowohl im schulischen Bereich als auch im Einsatz auf der Rettungswache bieten. Mit fortschreitender Entwicklung wird jede Schublade zu öffnen sein mit dem entsprechenden Material, der medizinisch-technische Ausstattung an den tatsächlichen Positionen und den im Fahrzeug vorgehaltenen Verbrauchsmaterialien. Für den Einsatz des VR-RTW in der Aus-, Fort- und Weiterbildung besteht beispielsweise die Möglichkeit, sich im Rahmen des Skilltrainings dem realen Arbeitsumfeld der Mitarbeiterinnen und Mitarbeiter zu bedienen, ohne dabei wertvolle, begrenzte und kostenintensive Ressourcen, wie einen vollständig ausgestatteten RTW und die dazugehörigen Geräte, permanent zu binden.

Sowohl im klinischen Bereich als auch in der rettungsdienstlichen Tätigkeit zeigen sich sehr hohe Erfolgsaussichten und Verbesserungsmöglichkeiten der Fertigkeiten, wenn sich die Mitarbeiterinnen und Mitarbeiter stetig fortbilden und ihre Skills trainieren.

Ein Beispiel für die Effektivität und die Notwendigkeit von guten Skilltrainings ist die Herz-Lungen-Wiederbelebung (CPR): Jeder Mitarbeitende im Rettungsdienst erinnert sich an seine Ausbildung in der CPR und wie sich das Wissen, die Fertigkeiten, die Geschwindigkeit und somit auch die Chancen für die reale Patientin, den realen Patienten nach der Ausbildung erhöhen. So könnten sich die Auszubildenden durch den Einsatz eines VR-RTW auch schon während der theoretischen Ausbildung in der Schule in dem Arbeitsumfeld bewegen, in dem sie später ihren alltäglichen Dienst versehen werden, können beispielsweise intravenöse und intraossäre Zugänge, eine Beatmung oder Intubation vorbereiten. Dabei lernen sie nicht nur das Fahrzeug mit all seiner Ausstattung kennen, wissen welche Schubladen, Fächer, Schränke man öffnen muss, sondern trainieren ihre Skills in Szenarien in der tatsächlichen, wenn auch zu diesem Zeitpunkt virtuellen Umgebung. Vorteil könnte hier sein, dass die Auszubildenden auch nach den langen Blöcken der theoretischen Ausbildung und nach den Klinikpraktika das Arbeitsumfeld des RTW nicht „verdrängt" haben und ein deutlicher Realitätsgewinn möglich wäre, da der RTW einen nicht unwesentlichen Arbeitsraum in der alltäglichen Praxis einnimmt.

Ein weiterer wesentlicher Vorteil beim Skilltraining im VR-RTW wäre, dass es keine Unterbrechungen der Ausbildung durch Einsätze, Wartungsarbeiten an den Geräten etc. gibt.

Der Praxisanleiter hätte bei dieser Art des Skilltraining die Möglichkeit, sich am Monitor über die Richtigkeit der Ausführung der Arbeiten zu vergewissern, ohne den Auszubildenden in der Durchführung der Maßnahmen zu behindern, und kann die Übungskünstlichkeit vermindern, da er in der virtuellen Arbeitsumgebung nicht erscheint und somit auch nicht stört. Er kann dann, je nach Bedarf, dem Auszubildenden ein direktes Feedback während oder auch nach der Trainingseinheit geben. Aber nicht nur für den Auszubildenden bieten sich hier Möglichkeiten, sondern auch für die erfahrenen Rettungsdienstmitarbeiterinnen und -mitarbeiter bestünde hier die Möglichkeit, Skills zu üben, neue Arbeitsmaterialien in bekannte und standardisierte Arbeitsabläufe zu integrieren und eigene Arbeitsabläufe zu hinterfragen und zu optimieren.

Ein weiteres Einsatzgebiet wäre die Nutzung des VR-RTW im Rahmen des CRM (Crew Ressource Management). Über das Training der Fertigkeiten oder Skills hinaus könnte der VR-RTW hier den Rahmen für die Verbesserung der organisatorischen Struktur und der Kommunikation im

Team oder mit dem Patienten schaffen. Die virtuelle Simulation verschiedener Szenarien könnte hier ein Schritt zu einer gesteigerten Effizienz im Einsatz und zu mehr Patientensicherheit sein. Bei all den Verwendungsmöglichkeiten ist der Einsatz des VR-RTW natürlich als Ergänzung zu einer „regulären" Ausbildung auf dem realen RTW, mit dem entsprechenden Material und Geräten, mit realen Kolleginnen und Kollegen und Patientinnen bzw. Patienten zu sehen und nicht als Ersatz.

Darüber hinaus bestünde ein weiterer möglicher Einsatzbereich des VR-RTW neben dem Themenfeld Ausbildung auch in den Bereichen der Systemoptimierung und Strukturierung des Arbeitsumfeldes.

Durch die äußerst reale Gestaltung der VR-Umgebung mit den Originalmaßen und der maßstabsgetreuen Darstellung von Ausbauten und Materialien kann man die Unterbringung und die Positionierung des Arbeitsmaterials im Fahrzeug überprüfen, ohne dass das Fahrzeug beschädigt wird, weil im Nachgang Gerätepositionen verändert werden müssen. Weiterhin könnte man schon im Vorfeld die Einräumordnung des Arbeitsmaterials, Arbeitsschritte und Wegstrecken optimieren, um im realen Einsatzfall auch hier die größtmögliche Effizienz in der Patientenversorgung erzielen.

Für die Unternehmenspräsentation stellt der VR-RTW eine ideale Möglichkeit für Organisationen bzw. Unternehmen dar, da man nicht auf die Verfügbarkeit eines realen Fahrzeuges inklusive der Ausstattung und das Vorhandensein eines Fahrzeugstellplatzes angewiesen ist. Das System ist so kompakt, dass nahezu bei jeder Berufsmesse, bei Fachvorträgen oder auch für PR-Auftritte die Nutzung möglich wäre, um dem interessierten Betrachter einen Einblick in das künftige Arbeitsumfeld, die Ausstattung und die Gestaltung des Arbeitsplatzes zu bieten. Der Laie hat die Möglichkeit, sich beispielsweise im Rahmen einer Gesundheitsmesse über die Ausstattung und die Versorgung im Notfall zu informieren, wodurch Fragen, Möglichkeiten und Missverständnisse beantwortet, aufgezeigt und vorgegriffen werden können.

Abschließend bietet der VR-RTW für Fahrzeughersteller und -ausbauer die Gelegenheit, vor Ort beim Kunden Fahrzeug- und Ausstattungsvarianten realistisch zu präsentieren, ohne die Varianten tatsächlich bereitstellen zu müssen. Dies könnte auch im Bereich von Messen interessant sein, da neben der Präsentation realer Fahrzeuge weitere Ausstattungs-, Ausbau- und Farbvarianten vorgestellt werden können. Der potenzielle Kunde könnte sich dabei im Fahrzeugumfeld bewegen und schon so Optimierungspotenzial erkennen, bevor das Fahrzeug in die Produktion geht.